대한민국은 왜
대통령다운
대통령을 뽑지 못하는가?

대한민국은 왜 대통령다운 대통령을 뽑지 못하는가?

초판 1쇄 인쇄 2017년 1월 23일
초판 1쇄 발행 2017년 2월 15일

지은이 이연주
발행인 우정식
기획총괄 우세웅
책임편집 이지현
홍보 · 마케팅 신이원 · 정우진 · 송여울 · 정태연
북디자인 신은경

펴낸곳 슬로디미디어
출판등록 제306-2015-6호(2015년 4월 7일)
주소 서울시 중랑구 용마산로 209, 307호 (면목동, 제3층)광명빌딩
전화 02) 493-7780
팩스 0303) 3442-7780
전자우편 wsw2525@gmail.com(원고 투고)
홈페이지 http://slodymedia.modoo.at
블로그 http://slodymedia.me
페이스북 · 인스타그램 slodymedia

ISBN 979-11-960094-0-3 03300

이 도서의 국립중앙도서관 출판예정도서목록(CIP)은 서지정보유통지원시스템 홈페이지(http://seoji.nl.go.kr)와 국가자료공동목록시스템(http://www.nl.go.kr/kolisnet)에서 이용하실 수 있습니다.
(CIP제어번호 : CIP2017001771)

대한민국은 왜 대통령다운 대통령을 뽑지 못하는가?

우리가 지도자를 판단하는
명확한 기준

이 연 주 지음

슬로디미디어

CONTENTS

3 chapter
사교형 리더 : 국민들의 기운을 북돋아 줄 리더

4 chapter
안정형 리더 : 국민의 뜻을 받들어 소통과 화합하는 리더

5 chapter
신중형 리더 : 법과 원칙의 수호자

prologue

서문

우리는 단순함에 감동하고 순수함에 마음이 움직이며 진정성에 손을 잡는다. 그러나 현대는 정보의 홍수와 언론의 왜곡에 의해서 진실된 진정성과 담백함, 그리고 순수함을 찾아낼 방법이 많지 않다. 언론은 이슈를 만들어 내기 위하여 자신들이 원하는 구도를 만들어 후보들을 요리한다. 우리는 지도자에 대해 제대로 알지 못하기 때문에 언론에서 나온 내용만을 가지고 때로는 혹하기도 하고 비난하기도 했다. 지도자이기 전에 어떤 사람인지, 자신의 약속을 지키는 사람인지에 대한 비판적 성찰과 판단 없이 언론의 의도대로 이리저리 휩쓸려 다녔다. 그러나 우리가 지도자를 판단할 근거를 가진다면 언론의 호도에 휩쓸리지 않고 그 사람이 왜 그렇게 말하고 행동하는지를 이해하고 판단할 수 있다.

한국 사회는 민주주의의 발전에 따라 국민들의 선택에 의해 굉장히 많은 것이 결정되는 시대에 와 있다. 대통령, 국회의원, 구청장, 시도 의원, 교육감 등 그 어느 때보다 개인 유권자들에게 많은 책임과 부담이 가해지는 시기이기도 하다. 나의 사소한 선택이 내 삶의 미래와 내 아이들의 미래에까지 영향을 준다는 것을 알기 시작했다. 그리고 근래 그 영향이 굉장히 크다는 것을 뼈저리게 느꼈다. 국민들이 제대로 된 선택을 하기 위해서는 리더가 어떤 사람인지를 판단할 근거가 필요하다. 이 책은 선택의 순간을 위해 정치인을 비판적으로 성찰하기 위한 두 기준을 제시하고자 한다.

첫 번째 기준은 지도자가 어떤 성격인지를 알아보는 것이다. 지도자의 성격은 성품은 물론이고 어젠다를 추진하고, 시대정신을 읽어낼 때 결정적인 영향을 미친다. 특히 대통령의 성격은 정책 결정은 물론 그 국가의 안위에 영향을 미칠 정도로 중요하기 때문에 간과할 수 없는 부분이다. 국가가 전쟁의 위험에 처했을 때 이 지도자는 어떻게 평화를 유지할 것인가? 부정과 부패에 대해서 어떤 태도와 신념을 갖고 있는가? 자신과 정치적 의견과 시각이 다른 집단과 어떻게 소통할 것인가? 이 질문들에 대한 답은 그의 성격을 알면 유추해 볼 수 있다. 그가 정치지도자로서 살아가면서 무엇을 추구하고 이루려고 하는지, 어떤 두려움을 갖고 있는지, 역경을 겪을 때는 어떤 방법을 취하는지, 사람들과의 관계와 커뮤니케이션을 어떻게 하는지가 중요하게 고려되어야 한다.

두 번째 기준은 정직성이다. 정직성은 정직과 겸손Honesty-Humility을 포함한 의미이다. 한 개인의 정직성은 단순히 거짓이 없다는 뜻을 넘어서 타인을 이해하고 공감하면서 자신보다 약자를 어떻게 대하는지, 법과 원칙을 자신의 삶에 어떻게 적용하는지, 자신의 시간과 돈을 누구를 위해 사용하는지를 포괄적으로 설명해준다. 정직하지 않은 지도자가 국민을 위해 그 권력을 사용하는 것이 아니라 자신과 주변인의 이익을 위해 권력을 사용할 때 국민의 권리와 누려야 할 혜택은 줄어든다. 부패한 지도자의 폐해는 가난한 사람들부터 차례대로 희생시킨다. 필리핀, 멕시코, 브라질, 아르헨티나 등 정직하지 않은 지도자를 가진 나라가 몰락하는 예는 허다하다.

첫 번째 기준인 지도자의 성격은 평면적인 분류로써, 대선 후보를 4가지의 성격유형별로 구분하여 그 특성을 분석했다. 언론이 이미지를 각색하고 조작하더라도 그 사람의 표정과 말투와 태도는 일관되게 자신의 정체성을 드러낸다. 따라서 이것들을 이용하면 그 사람의 성격을 파악할 수 있다.

두 번째 기준인 정직성은 입체적인 분류로써, 리더의 말과 행동을 얼마나 신뢰할 수 있는지를 예측할 수 있다. 특히 학력, 지위, 재산이 그 사람의 정직성을 이야기해주지 못한다는 점을 명심해야 한다. 민주주의에서 선거로 선출되는 지도자의 공약은 국민과의 약속이다.

후보의 공약을 신뢰하기 때문에 그 후보에게 표를 주는 것이다. 그 지도자가 정직하지 않다면 공약은 그야말로 보기 좋고 듣기 좋은 화려한 거짓말에 불과하다. 정직하지 않은 사람의 말은 아무 가치가 없다. 그 사람의 일관된 행동유형을 통해서 그 사람의 정직성도 함께 고려해 볼 수 있다.

우리나라 정치지도자는 한 번 여론과 언론의 주목을 받게 되면 그 사람이 정치 무대에서 사라지지 않는 한 주요 인물로 계속 거론된다. 3김 시대가 약 30년에 걸쳐서 진행된 것과 마찬가지로 이 책에서 거론하는 정치지도자들은 향후 대한민국의 정치사에서 지속적으로 우리의 선택과 결정을 요구하며 주요 정치적 사건마다 등장할 것이다. 이 책은 향후 30여 년 동안 무대에 등장할 인물을 파악할 수 있는 멋진 기회를 제공할 것이라고 생각한다.

이 연 주

chapter ONE

two | three | four | five |

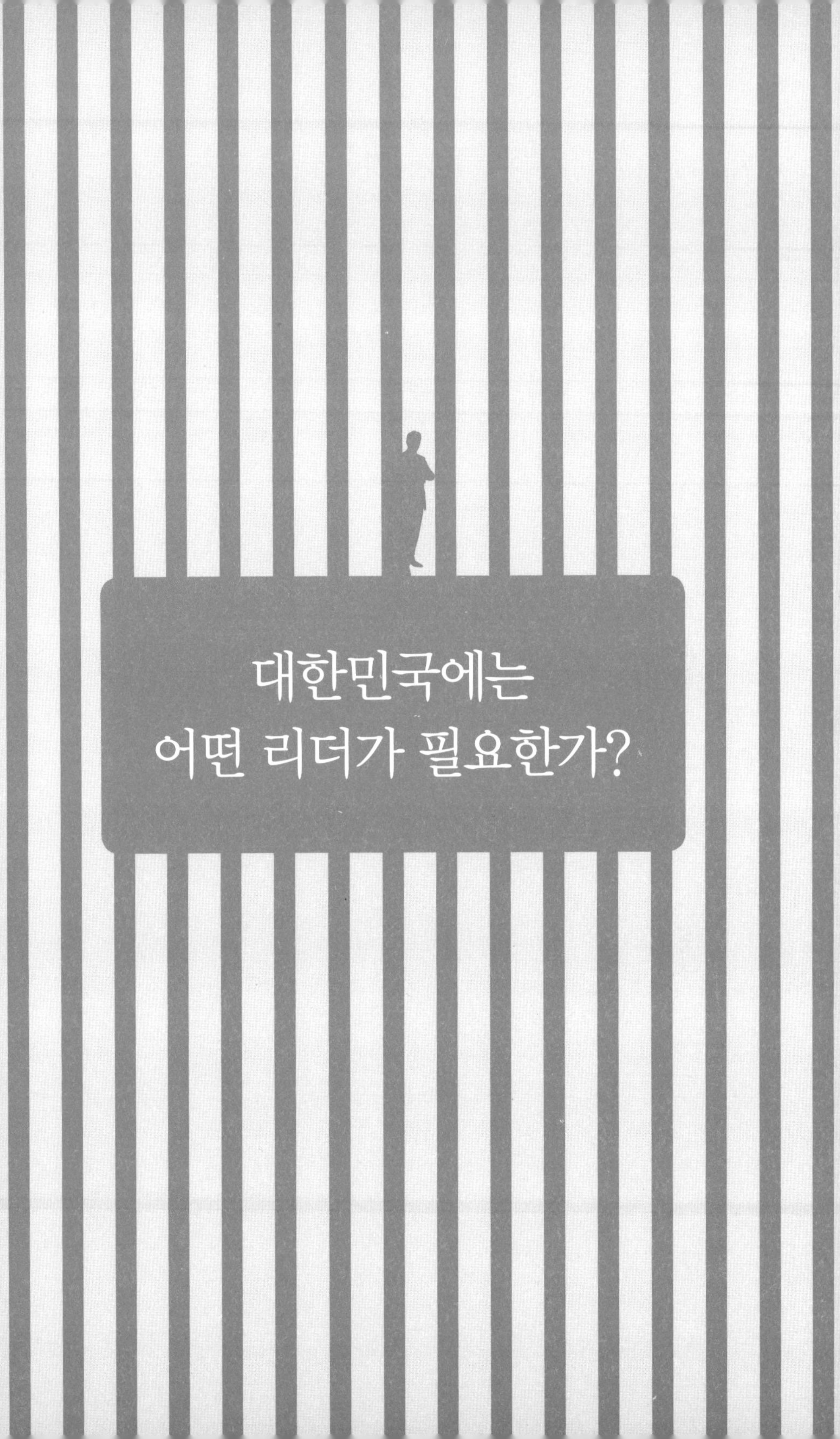

대한민국에는
어떤 리더가 필요한가?

1
우리는 왜 매번 정치에 실망하는가

"대통령 진짜 잘 뽑아야겠다."

30년간 오직 1번만 찍었다는 사람이 최순실 사건과 국정 혼란을 겪으면서 한 말이다.

이명박의 자원외교, 4대강 사업, 측근비리, 국부의 사유화 의혹에 질린 국민들은 가족도 없고, 자식도 없고, 오로지 국가와 결혼했다는 박근혜에게 믿음을 주었다. 검소한 모습과 신뢰, 원칙을 강조했던 박근혜의 이미지 전략에 국민들은 측근비리나 부정부패에서 자유로울 것이라고 생각했다. 그러나 국민들의 이런 믿음은 무참히 깨지고 상식적으로 일어날 수 없다고 생각한 일들이 일어났다.

왜 이런 일이 일어났을까? 이는 정치지도자에 대한 비판적 성찰 없이 우리가 보고 싶은 것만 보고 믿고 싶은 것만 믿은 결과이다. 우리는 그 사람이 어떤 사람인지 자세히 알아보지도 않고, 언론에서 떠드는 대로 정치공학적으로 누가 될 것인가에만 관심을 가졌다. 바람직한 지도자를 선택한 것이 아니라 언론이 보여주는 모습대로 선택했다.

대통령은 가장 영향력이 있는 지도자이다. 살기 좋은 나라를 만드는 첫 번째 출발은 지도자를 제대로 선택하는 것이다. 우리는 박근혜와 최순실 사건을 통해 대통령을 잘 선택하는 것이 얼마나 중요한지 알게 되었다. 이제는 지도자를 뽑기 전에 한번 더 생각하고, 좀 더 찬찬히 뜯어보면서 요모조모 확인해 봐야 한다. 어떤 대통령 후보에게 투표를 해야 하는지에 대한 합당한 기준도 없이 그때그때의 분위기와 언론의 휘둘림에 따라 지도자를 선택하면 어떤 결과를 얻는지 깨달았기 때문이다.

미국의 45대 대통령으로 도널드 트럼프가 당선되었다. 트럼프 지지자들에게 트럼프가 편법을 써서 세금을 안 내고, 여성을 비하하는 말을 하며, 인종차별적인 발언을 하는 건 중요하지 않았다. 오히려 기존 정치권에 환멸을 느낀 사람들은 트럼프의 새롭고 독특한 이미지에 신선함을 느꼈다. 신자유주의에 대한 이유 있는 미국인들의 분노가 트럼프라는 잘못된 대안을 만난 것이다.

우리가 박근혜를 통해서 겪은 혼란과 아픔을 미국인들은 그대로 겪게 될 것이다. 그리고 그들은 트럼프를 찍은 그 손가락을 자르고 싶어질 것이다. 왜냐하면 트럼프는 행동유형과 정직성의 기준으로 판단했을 때 거의 최악의 지도자로 예측할 수 있기 때문이다.

그렇다면 최선은 아니어도 최악이 아닌 대통령을 뽑으려면 어떻게 해야 할까? 최소한 2가지 기준이 필요하다. 그 정치인이 지난 과거를 어떻게 살아왔는지를 알아야 하며, 그 정치인이 얼마나 정직한지를 알아야 한다. 사람은 잘 변하지 않는다. 그 사람이 지금까지 어떤 삶을 살아왔는지를 보면 앞으로 어떤 행동과 선택을 하게 될지 예측할 수 있다. 또 그 사람의 정직성으로 하는 말과 행동의 진실성을 파악할 수 있다. 너무나 평이한, 정직성이란 기준이 지도자로서 그가 진품인지 짝퉁인지를 알려준다.

서양에서 들어온 민주주의는 우리가 이성적으로 판단하여 합리적인 선택을 하는 인간이라는 전제가 바탕이 된다. 그러나 유권자는 그리 이성적이지 않다. 오히려 이성적인 판단을 한다고 착각하는 존재에 가깝다. 게으르고 무지하고 상대의 조작에 따라 좌우되는 멍청이[1]에 가깝다. 유권자의 판단을 흐리는 장치는 눈을 돌리는 곳마다 있고 귀에 들리는 소리마다 실려 있다. 지도자의 행동유형과 정직성이란 2가지 기준을 적용한다면 우리의 판단을 흐리는 각종 정보들을 분별할 수 있을 것이다.

2

리더를 선택하는 기준, DISC를 통해 알 수 있다

'예측할 수 있다는 것'은 우리에게 힘을 준다. 상대를 알아볼 수 있기 때문이다. 상대를 전혀 파악할 수 없다면 두려움을 느끼게 된다. 그러나 전혀 모르는 사람이라도 그 사람의 성별, 나이, 직업 등을 알게 되면 한 번도 만나지 않았어도 대략적인 모습을 그려볼 수 있다. 이러한 분류정보가 많은 것을 설명해준다는 것을 우리는 삶의 경험을 통해 알기 때문이다. 나이, 성별, 직업 등이 그 사람을 파악하는 대략적인 정보를 주듯이, 행동유형도 그 사람을 읽을 수 있는 유용한 정보를 제공해준다. 그 사람의 일관된 행동 패턴과 몸짓, 표정, 말투 등은 겉으로 드러나지 않는 내면의 특성을 알아볼 수 있는 지표로 활용할 수 있다.

경쟁력이 중요한 기업들은 신입사원을 뽑을 때도 이 사람이 어떤 사람인지를 파악하여 가능한 유능하고 훌륭한 인재를 선발하고자 노력한다. 그런데 한 나라의 대통령을 선택하면서 그 사람이 어떤 사람인지 제대로 파악하지도 못한 채 언론이 보여주는 대로 선택한다면 우리는 반드시 배신을 당하게 될 것이다. 그 사람이 어떤 행동유형을 가졌는지를 알게 되면, 그 사람의 행동과 말 등을 그 개인의 기질과 생각처럼 관찰하기 어려운 내면을 파악하는 단서로 사용할 수가 있다. 또한 그 사람이 왜 그런 행동을 하는지 행동의 이유가 되는 개인의 동기와 욕구도 파악할 수 있다. 즉, 그 사람에 대한 통찰력을 갖게 한다.

이 책에서는 DISC라는 도구를 사용하여 정치지도자의 성격유형을 분석하고, 각 리더의 과거 행적을 통해 미래에 어떤 지도자가 될지를 예측했다. DISC는 환경에 대한 인간의 인식으로부터 인간행동을 이론화한 윌리엄 몰턴 마스턴William Moulton Marston 박사의 연구 결과를 토대로, 미국의 세계적인 교육기관인 칼슨 러닝Carlson Learning 사와 존 가이어John Geier 박사 연구팀이 개발한 인간유형이론이다. 인간을 4가지 유형(주도형, 사교형, 안정형, 신중형)으로 분류하여 그 유형의 일반적 성향과 행동 특성, 추구하는 가치, 스트레스 상황에서의 행동 등을 예측한다. 4가지 유형을 간략히 소개하면 다음과 같다.

‖ 주도형(D형) : 안 되면 되게 하라!

주도형은 칠전팔기의 도전정신으로 결단력 있게 목표를 달성할 때까지 전진한다. 외향적이고 일의 성과를 내는 것을 추구한다. 실질적으로 손에 쥘 수 있는 것에 집중하고 문제를 해결할 때 권력이나 물리력을 사용하는데 주저하지 않는다.

1970~1980년대 경제성장을 이끈 리더들의 모습이 대표적이다. '잘 살아보세!'라는 목표를 위해 가난과 고난을 겪어내며 이룬 것을 자랑스럽게 생각한다. 물질적 성장과 속도를 추구하는 시대에 적합한 리더십이다. 해결과제가 분명한 긴급한 상황에서 조직을 일사분란하게 움직이는 리더십을 보여준다. 확신을 갖고 결단을 내리며 행동으로 추진하는 장점이 있다.

‖ 사교형(I형) : 즐거움과 자유와 창조적인 삶!

외향적이면서 사람들과의 관계와 교류를 중요하게 생각한다. 사람들 사이에서 존재감과 영향력을 확인하고자 하며 이미지와 역할을 중시한다. 일상적이지 않은 새롭고 다양한 관점과 방법으로 문제를 유연하게 해석하고 해결한다.

1990년대 이후 불확실하고 예측 불가능한 시대를 맞이하면서 다양한 문제 해결과 유연한 사고방식, 커뮤니케이션 능력을 가진 리더십이 등장한다. 개방적이고 솔직한 소통을 즐긴다. 각기 다른 사람들의 다양한 욕구 사이에서 갈등을 해소하고 중재하여 원하는 것을 이룬다.

‖ 안정형(S형) : 모두 함께 행복하기를!

안정형은 내향적이고 관계와 신뢰를 중시한다. 자기 이외의 다른 사람에게 관심이 많고 그들의 욕구를 살피고 만족시키고자 노력한다. 문제가 있을 때 배려와 양보를 통해 협력을 얻어내어 원하는 것을 얻는다.

2000년대 초반부터 부각되어 온 서번트리더십, 섬기는 리더십이 안정형의 리더십을 의미한다. 리더지만 솔선수범하고 낮고 겸손한 자세로 영향력을 획득한다. 봉사하는 지도자상으로 자신의 이익보다 전체의 이익, 타인의 이익을 우선시한다.

‖ 신중형(C형) : 원칙과 기준에 철저하게!

신중형은 내향적이고 일을 중시한다. 기대수준이 높고 일의 품질과 과정이 원리 원칙에 부합하는지를 따진다. 계획을 세워 치밀하게 일하고 흐트러지지 않는다.

2000년대 중반부터 IT 기술과 테크노 산업이 발달하면서 전문성을 가진 리더십이 강조되었다. 신중형은 높은 전문성과 논리성을 바탕으로 자기 확신이 강하여 전문가로서 영향력을 가진다. 원칙에 있어서 타협하지 않고 주변의 비판이나 감정에 잘 흔들리지 않는다. 비판적인 시각을 견지하고 분명한 기준과 원칙을 내세워 문제를 해결하고자 한다.

사람을 한눈에 알아보고자하는 인간의 욕구는 생각보다 강렬하다. 국민의 심부름꾼을 뽑는데 이들을 알아보는 기준으로서 DISC는 혈액형보다 과학적이고 익히기도 쉽다.

이 책을 덮을 즈음, 정치인, 연예인뿐 아니라 내 주변의 사람들에 대한 새로운 시각을 갖게 될 것이다. DISC는 사람을 더 잘 읽을 수 있도록 도와주는 도구로서 좀 더 그 사람을 이해하고, 행동을 예측하고, 그 사람이 말하지 않는 행동의 이유와 동기까지도 파악하도록 돕는다. 사람은 아는 만큼 보이고, 보인 만큼 이해하며, 이해한 만큼 사랑하게 된다. DISC를 알기 전과는 전혀 다른 눈으로 당신의 주변을 둘러보게 될 것이다.

3
DISC로 사람을 읽는다

정치인은 일반인과 달리 언론에 의해 만들어진 이미지와 편집 의도에 따라서 왜곡된 평을 듣기도 한다. 그러나 DISC의 기준으로 보면 이런 언론의 의도와 포장된 이미지를 넘어서 그 사람이 그런 행동을 하는 동기와 내면의 욕구를 탐색해 볼 수 있다. DISC는 7가지의 행동 특징에 대한 설명을 제공함으로써 정치지도자뿐만 아니라 인간에 대한 통찰을 갖게 해준다. 앞서 이야기한 4가지 성격유형에 따라서 각각 다음과 같은 정보들을 읽을 수 있다.

‖ 1. 동기가 무엇인가?

그 사람이 이렇게 행동하는 이유가 무엇인지를 보여준다. 인간의 행동은 그 내면의 동기에 따라서 다르게 나타난다. DISC는 심리학의 동기이론을 근거로 하고 있다. 동기는 다른 말로 욕구라고도 표현되며, DISC 각 유형들이 일하고 말하고 살아가면서 추구하는 것을 의미하기도 한다.

이명박은 왜 청계천 개발과 4대강 사업을 진행했을까? 박근혜는 왜 국정화 교과서를 추진했을까? 박원순은 왜 아름다운 가게와 참여연대 활동을 하게 되었을까? 이재명은 왜 가장 먼저 탄핵을 주장하고, 선명한 모습을 보이는가? 안철수는 왜 신당을 창당했을까? 이와 같은 행동의 의미를 DISC를 통해 알 수 있다.

각 유형별로 추구하는 가치와 동기가 다르기 때문에 DISC는 정치인들의 주요활동과 추구하는 바를 설명해준다. 한발 더 나가서 이들 정치인들이 정책을 수행할 때 어떤 정책을 중점적으로 실행할지도 예측할 수 있다.

‖ 2. 두려움은 무엇인가?

좋아하고 추구하는 것이 있으면 싫어하고 회피하고 싶은 것도 있다. 가급적이면 그 행동이나 상황을 피하려고 하는 경향을 의미한다. 이것은 본질적으로 잘 변하지 않는다. DISC에서는 회피하고 싶은 것을 두려움이라고 표현한다. 개인이 가장 하기 싫어하는 행동을 밝히고, 그 두려움 때문에 향후 어떤 행동을 하는지를 보여준다.

‖ 3. 선호하는 환경은 무엇인가?

인간은 환경에 영향을 받는다. 마찬가지로 개인은 좋아하는 환경과 싫어하는 환경이 있다. 환경에는 사람, 상황, 관계 등을 포함한다. 환경을 적대적으로 인식하는지 우호적으로 인식하는지에 따라서 DISC 유형별로 선택하는 결정이 다르다. 행동도 다르게 나타나고 결과도 다르다. 자신이 살아가는 세계에 대해 어떻게 인식하는지는 그 사람의 관점을 형성한다. 따라서 그 세계와의 관계는 분명 달라진다.

한 나라의 지도자는 여러 외국 정상들을 만난다. 국가의 안보를 위한 정책을 결정하고 협상을 한다. 지도자가 환경을 우호적으로 인식하는지 적대적으로 인식하는지에 따라 외국과의 관계와 정책, 전략이 달라진다. 이명박, 박근혜 정부 시절의 대북관계와 노무현, 김대중 정부 시절의 대북관계는 분명 다르다. 우리가 새롭게 선출할 지도자가 어떤 유형이냐에 따라서 대북관계는 물론 미국, 중국, 일본과의 관계도 달라지게 된다. 또한 야당과의 관계 설정, 시민단체, 언론, 국민과의 관계 또한 달라진다. 각 DISC 유형마다 상대방과 환경을 인식하는 관점이 다르기 때문이다. 지도자의 유형을 알면 그 관계의 방향을 예측해 볼 수 있다.

‖ 4. 갈등상황에서 어떻게 하는가?

DISC는 각 유형별로 갈등이 생기거나 스트레스가 발생했을 때 개인이 어떻게 행동하는지를 보여준다. 또 어떤 상황이 스트레스로 작용하는지도 알려준다. 그리고 스트레스 상황을 어떻게 해결하는지에 대한 전략도 제시한다.

국가의 리더는 여론의 지지에 의해 자신의 정책 추진의 동력을 얻는다. 국가정상으로서, 행정부 수반으로서 강력한 권한을 가진 대통령제에서 대통령의 행동유형은 향후 국정 운영에 큰 영향을 미친다. DISC는 국가지도자가 자신의 정책에 대한 반대 여론을 어떻게 돌파하고 부정적인 국회관계를 어떻게 타결하는지를 예측하는데 도움을 준다.

‖ 5. 남용현상은 무엇인가?

개인의 특성은 권력의 정점에 있을 때 증폭된다. 그 특성은 그의 DISC 유형별로 성숙과 미성숙의 정도에 따라 긍정적 또는 부정적으로 증폭된다. DISC의 각 유형은 장점과 단점을 동시에 가지고 있다. 건강하고 긍정적인 상태일 때는 장점으로 작용한다. 과도하게 사용하거나 부정적인 상태에서는 문제 행동으로도 나타난다.

어느 정부나 집권 후반기로 갈수록 지지도가 떨어지는 레임덕 현상을 겪는다. 이러한 현상은 그동안 지도자가 문제를 해결해온 방식이 한두 번의 성공을 통해 고착된 결과로 볼 수 있다. 집권 후반기로 갈수록 행정수반의 체계가 확고해지고 매너리즘에 빠져 고착된 문제 해결 방식을 선택하고 이를 유지할 가능성이 높다. 이런 경우 지도자의 문제 해결 방식이 남용되어 여론과 동떨어진 국정 운영을 할 가능성이 높다. 마찬가지로 유력 대선 후보도 대선 후보로 선발되기까지 여러 문제와 갈등을 해결해오면서 자신의 특유한 방식을 고집하게 된다. 이런 남용현상의 부작용은 무엇인지 생각해봄으로써 경계할 필요가 있다.

‖ 6. 의사소통 방식은 무엇인가?

각 유형별로 의사소통하는 방식이 다르다. 대화의 특징을 잘 관찰하면 유형을 구분할 수 있으며 DISC 유형을 파악하고 이들과 효과적으로 대화할 수 있는 방법을 알 수 있다.

대화와 소통을 강조하는 지도자는 많지만 그 대화와 소통이 진정 어떤 의미인지는 지도자의 DISC 유형에 따라 다르다. 주도형과 사교형의 대화와 소통, 신중형과 안정형이 취하는 대화 방식과 경청의 의미도 다르다.

‖ 7. 효과증진책은 무엇인가?

DISC 각 유형별로 더 효과적으로 성장할 수 있는 방안을 알 수 있다. 지도자로서의 역할과 사명을 다하기 위해 적절한 개발전략이 무엇인지를 참고하면 상당한 도움을 받을 수 있다.

지도자는 개인의 삶을 넘어서 국가와 국민 모두의 삶에 영향을 미친다. 지도자의 성장은 국가와 국민의 성장으로도 연결된다. 유력 정치 리더가 더욱 성장하기 위한 방향과 방안은 무엇이며, 미래까지 연결되는 이 시점의 지도자는 어떤 과제를 가지고 있는지 알아본다.

4
정치인을 읽는 2가지 코드

‖ 1. 지도자의 DISC 행동유형

정치인의 행동은 자연인으로서의 행동이라기보다는 자신의 지지를 이끌어 내기 위해 필요한 일을 하는 행동인 경우가 많다. 이런 이유로 인해 지도자의 행적을 가지고 유형을 구분한다는 것은 그리 쉬운 일은 아니다. 언론을 통해 보이는 리더의 행동이 정치인의 몸짓인지, 자연스러운 본인의 성격인지를 구분하기가 어렵다. 그러나 한 인간이 자신의 모든 삶을 만들어지거나 조작된 행동으로 채우는 것은 불가능하다. 잠깐은 꾸밀 수 있으나 장시간에 걸쳐서 조작하긴 어렵다. 특히나 오랜 시간 자신의 행동과 말이 언론에 노출된 사람들은 일정한 행동유형을 가질 수밖에 없다.

인간의 외형적인 특성은 일정한 패턴을 가지고 지속적으로 나타나며 습관화되어 있어서 미래 행동을 예측하는 정보를 제공한다. 따라서 이 책은 다음과 같은 전제를 가지고 지도자의 유형을 구분하고 분석하여 소중한 한 표의 기준을 제시하고자 한다.

첫째, 이 책은 리더들의 외형적 특성을 분석의 기준으로 삼는다.

외형적 특성이란 겉으로 드러난 표정, 말투, 선택어휘의 빈도와 표현방식, 몸짓, 행동 패턴 등을 의미한다. 개인의 삶에 대한 생각, 감정, 태도, 가치관이 표현되는 방식이기도 하다. 외형적 특성은 몇 가지 단서를 기준으로 조금만 주의 깊게 관찰하면 손쉽게 유형화가 가능하다.

둘째, 개인의 행동에는 일정한 패턴이 있다.

행동 패턴은 하나하나의 개별 행동이 다른 행동과 밀접하게 연관되어 반복적으로 나타난다. 이러한 행동은 일정한 경향성을 보인다. 하나의 행동으로 개인을 이해하는 것은 불가능하지만 경향성을 띤 반복적인 행동은 그 개인을 이해하는 중요한 정보가 된다.

셋째, 인간의 행동은 습관화되어 있고 향후의 행동을 예측하게 한다.

습관이란 한 번의 우연한 행동이 아닌 오랜 시간에 걸쳐 개인의 특성과 결합된 행동이다. 비슷한 상황에서 유사한 행동이 반복적으로 발생할 가능성이 높다. 습관은 한두 번의 통제가 가능할지는 몰라도 오랜 시간 지속적인 통제는 어렵다. 따라서 어떤 상황에서 보이는 특정 습관은 그 개인의 미래 행동을 예측하는 단서가 된다. 과거와 현재의 말과 행동을 전체 삶의 궤적과 함께 바라보면 그 사람이 어떤 사람인지 일관성을 보인다. 그 행동이 반복되고 일관되게 지속된다면 향후 모습도 그 궤적에서 크게 벗어나지 않는다.

넷째, DISC 행동유형을 분류할 때 사례로 든 정치지도자들의 업적과 과오에 대한 가치 판단은 최대한 배제함으로써, 지도자의 행동 특성을 드러냈다.

정치인의 DISC 분포도

이 책은 언론에 자주 노출되는 정치지도자를 사례로 했다. 또한 DISC 행동유형의 좀 더 구체적인 이해를 돕기 위해서 과거 대통령과 재계 인사, 해외 유력 정치지도자 등도 함께 참고하여 인물들에 대한 이해도를 높이는데 도움이 되도록 구성했다.

‖ 2. 지도자의 정직성

정치지도자에 대한 판단은 사회 정치적 리더십의 결과와 개인적 삶의 결과가 복합적으로 나타나기 때문에 단편적으로 평가하기가 어렵다. 특히나 정치인의 정직성을 판단하기에는 긴 시간이 필요하기 때문에, 국민이 원하는 말과 주장을 쏟아놓고 얼마나 그 말에 책임지고 실행하고자 노력하였는지는 쉽게 잊혀지는 경향이 있다. DISC 행동유형이 정치인으로서 추구하고자 하는 방향과 보여주고 싶은 스타일이라면, 정직성은 그 뒷면이고 행동이고 노력의 결과이다.

정지인의 공과는 시간차를 두고 나타나는 경우가 많기 때문에 이 책에서는 그 가치 판단을 배제하고 사실로 확인된 자료를 근거로 하여 지도자의 유형과 정직성을 판단했다. 또 그 행동유형에 따라 미래에 이 지도자가 국가의 중대 역할을 할 경우 어떤 행동으로 연결될지를 예측했다. 행동유형을 통해 알아볼 수 있는 그 지도자의 속성과 추구하는 가치와 태도를 비교해 보고, 자신이 어떤 지도자를 원하는지 판단해 보길 바란다.

5
정치인의 품질은 정직성으로 검증한다

대통령 한 사람이 바뀐다고 뭐가 바뀔까 싶지만 그 영향력은 즉시 온 나라의 권력기관과 말단 통장, 반장에까지 미친다.

정직성이 낮은 지도자는 크게 2가지의 해악을 끼친다. 첫째는 정직성이 낮은 관료와 아첨하는 주변인들이 권력을 이용해 자신의 이익을 취하게 만든다. 권력의 냄새는 매혹적이고 진해서 권력 주변에 줄을 서려는 시도는 마치 자석에 철가루가 반응하듯 일시에 움직인다. 실제 우리나라 역사를 보면 정권이 바뀔 때마다 국가 산하기관의 수장부터 공기업의 사장까지 대통령과 정치적 이념을 함께 하는 인사로 색깔이 바뀐다는 것을 알 수 있다. 지도자의 정직성은 전체 공무원 조직과 그 산하단체의 정직성에 영향을 미친다. 낮은 정직성을 가진 지도자가 자신의 이익을 위해 권력을 이용하고 국민을 돌보지 않을 때 올바른 조언을 하는 사람은 빠르게 그 지도자 주변에서 사라진다. 그리고 그 자리는 낮은 정직성을 가지고 듣기 좋은 말을 하며 입안의 혀처럼 행동하는 사람들로 채워진다. 마찬가지로 하급기관도 빠르게 물갈이가 된다. 결국 모든 단체와 기관장도 비슷한 성향으로 바뀐다.

이런 상황에서 국민들은 각자 자신에게 이익이 되는 방향이 어디인지를 파악하고 줄을 대며 움직인다. 여기에서 정직함과 법의 가치는 한참 뒤로 밀리고 서로 신뢰하기보다는 인맥과 뇌물이 더 중요한 기준이 된다.

정치학자 프랜시스 후쿠야마Francis Fukuyama는 《트러스트》라는 책에서 신뢰는 사회적 자본이라고 했다. 신뢰도가 높은 사회는 조직의 하층부에 더 많은 책임을 이양함으로써 변화하는 상황에 보다 유연하고 창의적인 적응과 혁신이 가능하다. 그러나 신뢰도가 낮은 사회는 관료적인 규정을 통해 노동자를 통제하고 공동체에서 고립시켜 하나의 톱니바퀴처럼 기능하게 만든다. 결과적으로 신뢰가 구축된 국가와 기업만이 빠르게 변화하는 국제경쟁에서 살아남을 수 있다.

두 번째 해악은 국민이 정치지도자를 불신하는 결과로 국민들 간의 신뢰를 떨어뜨려 공권력 약화와 도덕적 해이를 가져오는 것이다. 각종 비리에 연루되고 권력을 자신의 이익과 지위에 이용하는 관료가 계속 신임을 얻는 상황을 경험하면 국민들은 국가 공권력과 법에 반감이 커질 수밖에 없다. 이런 불신이 사회에 광범위하게 퍼지게 되면 국민들도 서로를 신뢰할 수 없게 된다.

다른 사람을 신뢰하지 못하는 사회일수록, 또 단속에 걸리더라도 뇌물을 쓰거나 인맥을 이용해서 빠져나올 수 있는 사회일수록, 모두가 함께 누려야 할 공공자원이 빠르게 소멸되거나 함께 연대해야 한다는 공동체 의식이 사라진다. 노벨 경제학상을 수상한 더글러스 노스Douglass North는 서로를 믿고 협력할 때 사회의 효용성이 극대화되고 모두가 이익을 얻게 된다고 했다. 정직하고 신뢰할 수 있는 정부와 제도는 국민 서로가 신뢰하고 관용적 태도를 보여주며 높은 민주주의를 이끌 수 있다.

부패한 정치인이 있는 나라의 국민은 서로를 신뢰하기 어렵기 때문에 사회복지제도를 실행하더라도 실패할 수밖에 없다.[2] 지도자의 정직함이 전제되지 않으면 신뢰를 검증하기 위한 경제적 부담이 커지고, 복지국가를 위한 각종 실험은 불신과 대립으로 실패할 것이기 때문이다. 지도자의 정직성은 살기 좋은 복지국가를 위한 첫걸음이기도 하다.

6
새롭게 발견된 성격 변수, 정직성과 그 단서들

지도자에게 있어 정직과 신뢰는 매우 중요한 요소이다. 정치인은 말과 행동으로 지지자를 모으고 그 지지를 바탕으로 국가 권력을 움직이게 된다. 지지의 기반이 되는 정직성이 낮다면 그가 국가 권력을 손에 쥐게 되었을 때, 그 권력을 자신과 주변이 이익을 챙기는데 이용할 가능성이 높다. 따라서 국가지도자의 정직성은 국가의 미래를 좌우하는 핵심적인 요소라고 볼 수 있다.

그러나 현실 정치에서는 학력이나 경력의 화려함만을 강조하고, 정작 정치인의 말과 행동이 얼마나 정직했는지는 간과하는 경우가 많았다. 특히나 뉴스가 쏟아지는 선거철이면 과거 행적이나 과오는 덮이고 잊힌 채 언론에는 이슈와 가십으로 가득 채워진다. 국민들이 정치지도자들의 본질을 알아보는데 어려움을 가중시킨다. 선거철 수많은 정보를 처리하느라 우리의 기억력은 과거를 되새겨 판단할 기회를 갖지 못한 채, 정직하지 못한 정치인을 다시 지도자의 자리에 올려놓는 것을 반복했다.

박근혜 · 최순실 사태는 정치지도자의 정직성을 엄중하게 평가하지 못한 결과로서 맞이하게 된 사태라고 볼 수 있다. 따라서 이 책에서는 정치지도자를 판단할 수 있는 근거로 정직성을 제시하고 정치지도자를 선택할 때 기준으로 삼고자 한다.

그렇다면 정직성이 높은 사람은 어떤 특징을 보일까? 캐나다 캘거리대학교의 이기범 교수는 성격유형 모형인 빅5를 연구하던 중 정직성 요소를 발견했고, 이를 제 6요소로서 H 팩터라고 명명했다. 이기범 교수는 빅5의 다섯 요소와 정직성을 결합해서 HEXACO 성격모델을 발표하고, 정직성이 낮은 다양한 모습의 인간군상을 《H팩터의 심리학》이라는 책에 소개했다. 이 책에서는 대중적으로 쉽게 파악할 수 있도록 존스와 하틀리의 연구[3]를 참고하여 빅5의 다섯 요소를 DISC의 4가지 유형으로 재분류하여 설명했다. 빅5는 성격을 이루는 요소로 정서성, 개방성, 외향성, 성실성, 원만성의 5가지로 이루어진다. 여기에 그 사람이 얼마나 겸손하고 정직한지를 보여주는 정직성 요소를 정치지도자의 분석 기준으로 사용했다.

정직성이 높은 사람은 타인을 속이거나 조종하려 하지 않는다. 정직성 · 겸손함Honesty-Humility은 정직함, 공정함, 자만하지 않음, 욕심이 없음의 요소들을 포함한다.[4] 그럼 정직성이 낮은 사람은 어떨까? 정직성이 낮은 사람은 타인을 착취하고 남을 이용하며, 자신에게 권력이 있는 것처럼 보여서 타인을 조종하고 기만하려 한다. 이들은 종종 자신에게 특권이 있는 것처럼 행동하고 우월한 것처럼 스스로를 무장한다.

정직성이 높은 사람들은 다른 사람을 공정하게 대우함으로써 그들에게 협력과 호의를 돌려받을 수 있다. 다른 사람들을 이용하고 착취하여 얻을 수 있는 단기간의 이익보다 더 큰 신뢰와 협력을 얻을 수 있다는 것이 정직성의 장점이다. 정직성이 높은 사람들은 그것까지 계산하여 행동하는 것이 아니라 자기 자신의 윤리 기준에 의해 행동하는 것이다. 이기범 교수는 이들이 자신의 양심에 꺼리는 나쁜 짓을 할 경우, 스스로의 기준에 의해 처벌받는 것을 느끼기 때문이라고 했다.

반면 정직성이 낮은 사람은 타인의 선의를 이용하고 착취하여 이익을 얻더라도 다른 사람의 신뢰를 상실했기 때문에 더 이상의 협력을 얻기 어렵다. 심한 경우 처벌을 받거나 보복을 당하게 될 수도 있다. 이 낮은 정직성은 DISC의 4가지 유형과 결합하여 다양한 부정적인 모습으로 등장한다. 정직성이 낮은 사람들이 어떤 행동을 보이는지를 알면 우리 삶에서 이들에게 기만당하는 일도 줄어들 것으로 기대한다. 그러면 정직성의 높고 낮음을 판단할 수 있는 몇 가지 근거를 살펴보기로 하자.

‖ 1. 정직성이 낮은 단서들[5]

우리와 친숙한 관계에 있는 사람들, 예를 들어서 친구나 가족들의 성격은 그들의 말과 행동을 통해서 꽤 정확하게 판단할 수 있다. 잘 알지 못하는 사람들, 즉 좀 떨어져 있는 친구나 직장동료라도 어느 정도 그들의 성격을 판단할 수 있다[6]. 반면에 정직성은 시간을 가지고 오랫동안 지켜봐야 알 수 있는 요소이다. 그러나 몇 가지 단서들을 알면 그리 오랜 시간이 걸리지 않더라도 그 사람의 정직성을 알아볼 수 있는 근거들을 찾을 수 있다.

차별적인 발언을 내뱉는 사람들

그 사람의 말은 생각과 성품도 알아볼 수 있는 강력한 단서다. 성性, 인종, 종교 등에서 주류가 아닌 사회적 약자에 대한 차별적 발언은 그 사람의 정직성을 가늠할 수 있는 척도가 된다.

'여자가'로 시작하는 말, 여성의 신체를 비하하는 말, 여성을 상품화하는 말은 대표적인 성차별적 발언이다. "여성이 너무 똑똑한 척을 하면 굉장히 밉상을 산다." 김을동 새누리당 의원이 선거 전략을 위해 후배 후보들에게 한 말.[7] "그녀의 다른 어디인가에서도 피가 나오고 있었을 것(월경 탓에 예민하다는 뜻)." 트럼프가 TV 토론 중 여성

앵커에게 한 말. “총탄이 쏟아지는 전쟁 상황에서 휴식은 아니지만, 휴식 같은 위안부제도가 필요했다는 것은 누구나 안다. 성매매 업소를 잘 활용해 달라.” 하시모토 도루 전 일본 오사카 시장이 오키나와 미국 사령관에게 던진 조언과 같은 말. 짧은 한마디의 말이라도 그 안에 차별적인 발언이 들어 있다면 그 정치인의 정직성을 판단하는 단서가 된다.[8]

신분차별적 발언과 인종차별적 발언 역시 그 사람의 정직성을 의심하게 한다. “신분이 정해져 있으면 좋겠다. 민중은 개돼지!” 나향욱 기획관이 〈경향일보〉 기자에게 한 말.[9] “너 따위를 보러 온 게 아니다.”, “일하기 싫으면 집에 가서 애나 보든지.” 홍준표 경남도지사의 말.[10] “이 사람들 무기계약직이 되면 노무 관리 문제도 그렇고, 노동 3권이 보장되면 툭하면 파업 들어가고 할 텐데, 이것을 어떻게 관리하겠나?” 김태흠 의원이 국회 청소용역 노동자들을 직접 고용하려는 국회사무총장에게 한 말. 이러한 차별적 언어 역시 그 정치인의 정직성을 엿볼 수 있다.[11]

정직성이 높은 사람들은 기본적으로 공정하고 평등한 관계를 원한다. 다른 사람을 밟고 출세를 하거나 계층과 계급으로 나눠진 사회를 좋아하지 않는다. 정직성이 높은 것과 평등을 추구하는 성향은 연관되어 있다.

반면에 정직성이 낮은 사람처럼 다른 사람에게 속임수를 써서 조종하고 착취하여 이익을 취하는 사람들을 마키아벨리적 인간이라고도 한다. 그들은 타인에 대한 공감과 연민이 떨어지고 다른 사람의 아픔을 자신의 아픔처럼 느끼는 능력이 약하다. 이들은 어차피 사회는 약육강식이고 적자생존의 원칙이 지배하는 것이며, 부자와 가난한 자를 다르게 대우하는 것이 당연하다고 생각한다. 그렇기 때문에 더욱 다른 사람과의 관계에서 우월한 지위와 부를 추구하고, 권력으로 우위에 서고 싶은 열망이 강하다.

범죄 및 절도, 횡령, 뇌물수수 등의 범죄경력

정치인의 범죄는 불법정치자금 수수, 뇌물 수수, 권력형 비리 등을 들 수 있다.

정직성이 낮은 사람은 자신의 이익을 위해 다른 사람을 이용하거나 착취하는데 별로 거리낌이 없다. 상황이 허락한다면 자신의 부를 위해 다른 사람의 재산을 훔치거나 속임수를 쓸 가능성이 높다. 절도와 낮은 정직성의 상관은 높은 편이며, 이 경향은 자기가 스스로 정직성 정도를 답변한 점수와 다른 사람이 나의 정직성 정도를 답변한 점수가 비슷했다.[12] 즉 정직성이 낮은 사람은 자신도 정직하지 않음을 알고 있으며, 그를 잘 알고 있는 다른 사람도 알아볼 가능성이 높다.

정직성이 낮은 사람들은 자신의 권력을 이용해 받은 금품이나 돈이 범죄라고 생각하지 못한다. 다만 자기가 가진 권력의 힘이라고 생각하고 오히려 스스로를 대견스럽게 생각한다.

거짓말하는 사람

정직하지 않은 단서로서 '거짓말을 하는 사람'은 너무도 당연한 귀결이다. 특히나 '정치인은 입만 열면 거짓말'이라는 유머가 있을 정도로 거짓말을 하는 정치인이 많다. 그러나 정치인의 거짓말에도 그 정도가 다르다. 2015년 〈뉴욕타임스〉에는 "모든 정치인은 거짓말을 한다. 그런데 유독 더 심한 사람이 있다."[13]라는 재미있는 칼럼이 실렸다.[14] 이 칼럼은 사람들이 관심 갖고 지켜보는 유망 대선주자부터 지역의 도지사까지 정치인의 말에 대한 사람들의 생각을 조사해 소개했다. 사람들은 정치인의 말이 어느 정도 진실이고 거짓인지를 느끼고 생각한다. 우선 눈에 띄는 사람은 도널드 트럼트이다. 사람들은 그가 하는 말 중 76%가 거의 거짓말이라고 봤다.

이 조사에서 확연하게 드러나는 특징이 있다. 거짓말 순위 상위권을 공화당 소속 정치인들이 차지하고 있다는 점이다. 의외로 사람들은 르윈스키와의 스캔들 청문회에서 거짓말을 해서 지탄을 받았던 빌 클린턴에게 높은 점수를 주었다. 버락 오바마와 힐러리 클린턴도 선방했다. 사람들은 대체로 공화당 정치인들이 민주당 정치인들보다 거짓말을 많이 한다고 생각하는 것을 알 수 있다.

정치권에서 흔히 사용하는 말 중 "보수는 부패로 망하고, 진보는 분열로 망한다."가 있다. 대체로 보수가 진보보다 덜 정직하다는 데는 이의가 없는 것 같다.

우리나라라면 어떤 결과가 나올까? 누가 가장 높은 순위에 오르고, 누가 가장 낮은 순위에 오를 것인가? 우리나라는 미국과 비교해서 거짓말이 그 사람을 평가하는 중요 기준으로 작용하는 것 같지는 않다. 청문회에서조차 거짓말을 서슴없이 하는 것을 보면 말이다.

이 책의 목적 중 하나인 정직한 정치인을 선택해야 한다는 주장과 다르게 트럼프가 이렇게 인기를 얻는 이유는 무엇일까? 사람들은 트럼프가 거짓말을 하는지 알고, 가끔은 말도 안 되는 억지를 부린다는 것도 안다. 시위하는 사람들에게 "쓰레기 같은 인간들."이라고 말하고, "멕시코인들이 미국에 와서 성폭행과 마약 등의 범죄를 일으킨다."라는 인종차별적인 발언을 했다. 그런데 오히려 폭탄발언을 할 때마다 지지율이 더욱 높아졌다. 다양한 이유가 있겠지만 많은 분석가들은 백인 중산층의 분노를 그 이유로 꼽았다. 미국 중하층 백인 남성들이 말하고 싶었지만 차마 드러내지 못한 속마음을 트럼프가 속 시원히 터트려주었다는 것이다. 유색인종이 싫은데 흑인 대통령이 나오고, 테러에 화가 나는데 정부는 쳐들어가서 혼내주지도 않고, 내 주머니 사정은 점점 안 좋아지는데 공공정책에 세금을 쓰는 그동안의 불만을 트럼프가 시원하게 쏟아내 주었다는 것이다.[15] 자신의 답답한 속마음을 시원하게 뚫어내듯 대변하는 정치인에게 환호하고 동조할 수는 있다. 그러나 거짓말을 일삼는 사람을 선택한 순간부터 그런 사람에게 지배당한다. 또 그 사람이 정해놓은 신분질서에서 이용당하고 착취당하는 대상으로 전락한다는 것을 기억할 필요가 있다.

물질만능주의와 선별적 태도

어떤 사람이 사치품과 명품으로 온 몸을 휘두르고 그것들을 다른 사람에게 과시하는데 주력한다면 그 사람을 정직한 사람으로 보기 어렵다. 정직성이 낮은 사람은 다른 사람보다 자신이 우월하다는 것을 드러내려 노력하고 그 차이를 이용해 다른 사람을 조종하고 착취하려는 경향이 강하기 때문이다. 이런 사람들은 눈에 보이는 가시적인 것들에 주로 돈을 쓰고 그 점을 지속적으로 다른 사람에게 알리려고 애쓴다. 예를 들면 어떤 차를 타느냐, 어느 동네에서 어떤 집에 사느냐, 어떤 옷을 입느냐 등 외형적인 부분에 신경을 많이 쓴다. 물건을 구입하는 목적도 물건 본연의 가치 때문이 아니라 남에게 과시하려는 의도가 더 많다면 정직성이 높다고 보기 어렵다.

정직성이 낮은 사람은 사회적 인맥도 과시한다. 인맥과 학벌을 과시하는 것은 정직성이 낮은 사람임을 드러내는 가장 본능적인 표시이다. 언제든 기회를 보아서 지위가 높은 누군가와의 인맥을 과시하려 하고 그 인맥이 자신의 힘인 것처럼 과장함으로써 타인을 조종하려 한다.

정직성이 낮은 사람들은 다른 사람의 재산과 소유물, 사회적 지위에 따라서 그 사람을 평가한다. 자기보다 덜 소유한 사람으로 판단되거나 얻을 게 없는 사람으로 생각되면 아주 쉽게 냉담해지는 경향이 있다. 자기보다 더 소유하거나 그 사람에게 얻을 게 있다고 생각되면 매우 다정하고 예의바르게 대해준다. 따라서 사회적으로 지위가 있는 사람에게 선택적으로 아부를 하는 사람은 오래도록 진실한 우정을 나누기에 부적절하다.[16]

말과 행동이 다른 사람

말과 행동의 차이로도 거짓을 알아낼 수 있다. 행복하다고 말하지만 전혀 웃고 있지 않을 때 그 괴리는 진실을 감추고 있는 것이다. 우리 몸은 말보다 더 정직하다. 미국의 인기 드라마 〈굿 와이프〉에서 보디랭귀지 전문가가 불륜을 저지른 남편을 지지한다는 부인의 모습이 담긴 기자회견 장면을 분석한다. 저 부인의 지지성명이 진실인지, 아닌지를 판단하는 근거로써 그 부인의 발이 어디를 향하는지를 설명한다. 말은 지지하고 있으나 발이 남편 쪽을 향하지 않으면 진심이 아니라는 것이다. 이 전문가는 "그런데 이 부인의 발은 다행히 남편 쪽을 향하고 있네요."라고 말하며 웃는다.

그 사람의 말보다 그 사람의 몸이 더 정확하고, 그 사람의 몸짓보다 그 사람의 행동유형이 더 많은 진실을 담고 있다. 말과 다른 행동을 보이는 사람은 정직성이 낮다고 볼 수 있다. 일반인들도 오랜 경험상 표정과 말이 다를 때 거짓을 느끼기도 한다. 그러나 정확하게 보디랭귀지로 알아내는 것은 영화에서 본 것처럼 훈련된 전문가나 가능하다.

이 책에서는 보디랭귀지에 근거하기보다는 그의 과거 행적과 주장, 이후 그의 결정이나 행동과 배치되는 모습을 증거로 수집하는 방식을 사용했다. 주로 사실로 확인된 기사를 근거로 삼았으며 법적인 판단이 무죄로 난 경우는 법원의 판단이 공정했느냐와 상관없이 다루지 않았다.

말과 행동이 배치되는 하나의 사례를 들어보면, 2011년 당시 한나라당 서울시장 후보였던 나경원은 서울시 48개구를 의미하는 48대의 기아 마티즈 소형차를 이용해 선거유세를 하겠다고 기자들에게 이야기하고 사진과 기사를 실었다. 하지만 실제 선거에는 카니발 밴을 타고 다녀서 네티즌들의 비난을 산 경우가 있었다. 비교적 짧은 시간에 말과 행동이 서로 다른 사례로 볼 수 있다. 또 나경원은 더 낮은 자세로 서울시민들과 대화하겠다는 유세를 했음에도 불구하고 명동철거민들의 대화 요청은 받아주지 않았다.[17]

대부분의 경우 정치인의 말과 행동의 차이는 장시간에 걸쳐서 드러난다. 그래서 유권자는 선거철이 되면 그 정치인의 과거 행적과 거짓말을 떠올리기도 전에 선택의 압박에 급히 투표를 하고 만다. 따라서 이 책은 각 정치 리더들의 정직성을 정리하여 소개하려고 한다. 정직성의 높고 낮음에 대한 근거는 사실이 증명된 기사로 이루어졌지만 정치지도자의 항변이 있을 수 있다. 그러나 국가지도자의 위치에서 필자와 같은 비판적 시각도 존재한다는 것을 인정하고 발전하는 기회로 받아들이길 기대한다.

‖ 2. 정직성이 높은 단서들

정직성 · 겸손함Honesty-Humility은 정직함, 공정함, 자만하지 않음, 욕심이 없음의 요소들을 포함하기 때문에[18] 한 인간의 자질을 잘 보여준다.

자신보다 약자를 어떻게 대하는지를 보라

지도자의 정직성은 말 그대로 거짓말을 하지 않는 것에 머물지 않고 그 사람의 품성 전체를 판단하는 지표가 된다. 정직성은 개방성, 겸손함, 성실함과 깊게 관련이 되어 있기 때문이다.[19] 정치인이 힘없고 억울한 이들을 어떻게 대하는지를 보면 그 사람이 최고 권력을 가졌을 때 어떻게 국민을 대우할지 알 수 있다. 힘 있고 돈 있는 사람에게는 아부하고 미소를 짓지만, 가난하고 억울한 사람에게 냉정하다면 정직성이 높다고 말하기 어렵다. 단적인 예로 정치지도자들이 세월호 유가족들을 어떻게 대했는지를 보면 그들의 정직성도 함께 짐작할 수 있다. 세월호 같은 참사가 아니라도 일상의 삶에서 권력을 가진 사람이 그렇지 못한 사람에게 어떤 행동을 했는지 보여주는 사건은 많다.

만약 자신보다 지위가 낮아도, 권력이 없어도, 열악한 환경에 있어도 그들을 존중해주는 사람이 있다면 그 사람은 정직성이 높은 사람이라고 판단할 좋다. 오바마의 사진 중 많은 사람이 감동받은 사진이 있었다. "대통령의 머리도 자신의 머리처럼 곱슬머리인지 궁금하다." 라는 한 흑인 꼬마의 말에 서슴없이 자신의 머리를 아이의 손 높이까지 숙여서 만지게 한 사진이다. 이 사진은 그가 아무 말도 하지 않았지만 그의 정직성을 가늠케 한다. 자기보다 약자를 어떻게 대하는지는 그 사람의 자질을 단적으로 보여주는 단서가 된다.

법을 잘 지키는지를 보라

회사 여자 후배 중 콧대 높기로 유명한 후배가 있었다. 하지만 그녀가 좋아했던 한 남자직원에게만은 그 콧대가 낮아졌다. 그런데 어느 날 그녀는 "좋은 사람인 줄 알았는데 결혼할 사람은 아닌 것 같아요!"라는 고백을 했다. 그 남자직원은 회사 내에서 성과도 가장 좋고 외모도 출중해서 다른 미혼 여자직원들이 흠모하는 대상이었기 때문에 모두 의아해 했다. 그러나 이어지는 그녀의 말에 모두가 수긍할 수밖에 없있다.

"다 좋은데 교통신호를 너무 안 지키더라고요. 노란불은 쳐다보지도 않고, 정지 신호도 무시하고 달려서 좀 불안했어요. 차선도 많이 바꾸고, 양보도 안 해주고요. 제가 너무 멀리 생각하는 건가 싶긴 하지만, 일단 신뢰가 안 가서 안 되겠어요."

똑 부러진 대답이었다. 그녀는 호감을 가졌던 기간도 길었기 때문에 잘되었으면 하는 바람도 있었을 것이다. 그러나 그의 운전 습관을 본 것이 그 사람의 신뢰도를 정확히 판단하는 근거가 되었다. 젊은 나이에 비해서 현명하다 생각까지 들었다.

교통신호는 일반인에게 가장 가까운 법이다. 그 사람이 신뢰할 수 있고, 정직한 사람인지를 알아보는 가장 간단하고 쉬운 단서라고 할 수 있다. 그러나 정치지도자가 교통법규를 얼마나 잘 지키는지를 보기는 어렵다. 하지만 국민의 의무인 세금과 국방의 의무 같은 것들을 잘 지켜왔는지를 보면 판단하는데 중요한 단서가 될 수 있다.

정부에 대한 신뢰가 있기 때문에 높은 세금을 낸다는 스웨덴 국민들은 정치인의 범법행위에 대해서 매우 엄격하다. TV 수신료를 내지 않은 것이 드러나 장관직을 내놓기도 하고, 집 증축 수리를 법대로 하지 않은 총리에게 벌금을 물리고 법정에 세웠다. 싼 임금의 불법 외국인을 보모로 채용했다는 이유로 장관직에서 물러나기도 한다.[20]

이 책은 DISC 유형별로 정직성이 낮을 때 어떤 행태를 갖는지를 소개한다. 정직성이 낮은 장관이나 지도자가 권력을 가졌을 때의 폐해를 안다면 정치인을 선택할 때 한번 더 고민하게 될 것이다. 그 힘을 어떻게 이용할지를 생각하고 그 피해가 온 국민에게 해당될 테니 지도자의 정직성은 가장 까다롭고 준엄한 잣대로 평가되어야 할 것이다.

돈과 시간을 자신을 위해 쓰는지, 다른 사람을 위해 쓰는지를 보라

돈을 어디에 어떻게 쓰는지는 정치지도자뿐 아니라 상대방과의 결혼이 고민스러울 때도 따져 봐야 하는 중요한 요소이다. "마음 가는데 돈도 간다."는 말이 있다. 자기 자신을 위해서 더 많은 돈과 시간을 쓴다면 결혼생활과 가족에게 그리 헌신적인 배우자로 보기 어렵다. 같은 기준으로 지도자가 자신의 물리적 재산과 정신적 자원을 어떻게 쓰면서 살아왔는지는 그 사람의 정직성을 판단하는 단서가 된다. 정직성이 낮은 사람들이 다른 사람을 이용하고 조종하려는 이유는 자신의 이익을 최대화하기 위함이다. 따라서 자신의 이익보다 다른 사람의 이익을 대변하기 위한 일이 그의 삶에서 상당한 비중을 차지한다면 정직성이 높다는 단서가 될 수 있다.

지도자의 일생이 자신의 성공과 성취를 위해서 달려온 삶이라면 최고 권력을 가졌을 때 그 지위를 이용해서 자신의 성취를 더 확대하려 할 것이다. 그리고 그 성공과 성취의 결과물을 자기 가족이나 친구 등 자신의 이익을 옹호할 수 있는 사람들을 위해서 사용할 것이다. 그에게는 국민의 안녕이나 국가의 미래는 최우선 가치가 아니다. 오히려 국가의 부를 사회적 약자, 예를 들면 빈곤층, 노후 세대, 이민자, 동성애자, 장애인 같이 생산성이 낮은 대상과 나누는 것을 꺼려할 것이다. 온 국민의 삶을 돌봐야 하는 지도자이지만 "일하지 않는 자 먹지도 말라."라는 말에 더 솔깃할 것이다.

자신의 성공과 성취만을 위해 달려온 삶의 태도가 국가지도자가 되었다고 갑자기 바뀌진 않는다. 따라서 개인의 성공과 높은 지위는 정직성의 단서가 될 수 없다. 오히려 그 삶이 다른 사람의 이익을 찾아주고, 어려움을 해결해주려는 일에 헌신하느라 정작 자신은 고초를 당하고 불이익을 감수하며 먼 길을 돌아오게 되었다면 그 삶이 더 정직함을 나타낸다.

지도자가 된다는 것은 사람들의 존경을 획득하는 일이다. 여기에는 2가지 길이 있다. 하나는 다른 사람보다 월등히 우월한 힘과 지위를 가져서 두려움을 획득하는 것이다. 두 번째는 자신을 희생하여 다른 사람의 어려움을 대변하고 해결하여 사랑을 얻는 것이다. 사랑을 얻기 위해 자신을 희생하는 것이 아니라, 다른 사람의 안녕을 위한 일의 결과로서 지도자의 힘을 얻는 것이다. 자신과 가족을 돌보기보다 사회적 약자의 이익을 위한 삶을 보냈다는 것은 정직성이 높다는 단서가 된다.

정직성과 상관은 없지만 우리를 현혹시키는 단서들

높은 지위와 신분, 세련된 옷차림과 매너, 종교적 신실함과 공개적 기부 등은 우리를 현혹시키지만 정직성과는 큰 관련이 없다.[21]

우리 사회에서 엘리트를 바라보는 시선은 그의 능력과 더불어 인품도 훌륭할 것이라는 전제가 깔려 있다. 그러나 박근혜 · 최순실 사태의 청문회에 불려나온 증인들의 모습은 국민적 분노와 실망을 불러일으켰다. 우리 사회에서 주류 엘리트로 인정받는 사람들이었지만 이들이 보여준 정직성은 우리의 기대와는 전혀 다른 모습이었다. 엘리트이고 높은 신분과 지위를 가졌다고 해서 정직할 것이라는 기대는 순전히 국민들의 희망사항일 뿐이다. 이런 이유 때문에 정치인의 화려한 경력과 이력은 그의 정직성을 담보하지 못한다.

세련된 옷차림과 매너 역시 그 사람의 정직성과 관련이 없다. 품위 있게 옷을 입고 점잖은 표현을 사용하는 사람들은 정직할 것이라고 생각하기 쉽다. 그러나 정직하지 못한 사람도 얼마든지 자기 옷차림과 말투를 꾸밀 수 있으며, 이런 외모를 이용해서 타인을 조종하거나 이익을 추구하는 목적을 달성하기도 한다.

마찬가지로 종교적으로 높은 지위와 신실함을 가졌다거나, 공개적인 기부를 한다고 그 자체가 그 사람의 정직함을 대변하는 것은 아니다. 이런 행위들이 자신의 지위와 인정을 얻기 위한 수단으로 작용한다면 그 진실함은 의심받을 수 있다.

정치지도자는 법 집행으로 알게 모르게 내 삶에 큰 영향을 준다. 배우자를 선택할 때 꼼꼼하게 따져보는 것처럼 국가지도자를 선택할 때도 신중하고 꼼꼼히 그의 행적을 따져보며 선택할 필요가 있다.

chapter

one **TWO** three four five

주도형 리더

대한민국의 해묵은 과제를 시원하게 날려버릴 리더

1
아메리칸 드림의 주역, 주도형

‖ 1. 주도형의 일반적인 특징들

주도형에 대해 알아보자. 아메리칸 드림하면 성공하기 위해 거칠고 험한 일도 마다하지 않고 열심히 개척하는 모습을 떠올릴 수 있다. 주도형은 어려운 상황을 해결하고 원하는 삶을 이루는 불굴의 의지와 투지를 보여준다. 이러한 특성은 목표를 달성하는데 탁월하고 성공으로 이어질 가능성이 높아서, 높은 지위나 권력을 가진 자리에서 주도형을 많이 만나게 된다. 또는 우리 주변에서 상사나 까다로운 고객의 모습으로도 등장한다.

DISC를 알면 유용한 점이 바로 이것이다. 내가 상대하기 어려운 사람을 이해하고 그가 무엇을 선호하고 무엇을 기피하는지를 알 수 있다.

주도형의 D는 도미넌스Dominance의 이니셜이다. 지배하다, 주도하다, 억압하여 힘을 행사한다는 의미를 포함한다. 상황을 주도하고 지배하려는 성향이 특징이기 때문에 주도형 또는 D형이라고도 부른다.

다음 상황을 보면 주도형의 특성을 이해하는데 도움이 될 것이다. 당신 앞에 운명의 연인이 나타났다. 그 사람과 꼭 결혼하고 싶어 부모님께 소개시켰다. 그런데 부모님이 펄쩍 뛰면서 절대 안 된다고 반대하는 상황이다. 이때 당신은 어떻게 하겠는가? 여러 가지 답변이 나오겠지만, 만약 당신이 "그래도 해야죠.", "일단 하고 봐야죠."라는 대답이 가장 먼저 떠오른다면 당신은 주도형일 가능성이 높다.

‖ 2. 속전속결의 주도형

주도형은 일을 빠르게 처리하고 싶어 한다. 그리고 그 일의 결과를 빠르게 확인하고자 하는 강렬한 욕구를 가진다. 실제로 주도형은 물리적인 힘을 추구하고 현대사회에서는 높은 지위로 자신의 정체성을 확인하고자 한다.

주도형은 시간에 관한 한 지체되거나 기다림을 싫어한다. 성미가 급하다. "즉시!", "빨리!", "최우선으로!"라는 말을 자주 사용한다. 이러한 특성은 조직 내에서 결과를 빠르게 만들어내고 업무에 집중하는 모습으로 표현되어 비교적 쉽게 인정을 받고 고속 승진을 하기도 한다. 그러나 단점도 있다. 주도형은 주의사항이나 세밀한 지침을 확인하지 않고 바로 행동으로 옮겨서 일을 그르치는 경우가 종종 발생한다. 삼국지의 장비같이 말이나 생각보다 행동이 앞서는 인물을 떠올리면 이해하기 쉽다.

‖ 3. 과업 중심의 주도형

주도형은 결과를 추구한다. 주도형 리더는 보고를 막 시작하려는 팀원에게 결론부터 듣기를 원한다. 또한 업무나 성과를 좋아하기 때문에 인간관계와 업무가 함께 얽혀 있는 과제를 해결할 때면 업무에 먼저 집중하고 관심을 갖는다. 만약 시간 안에 도착해야 하는 자재 차량이 사고가 났다는 보고를 받으면, 주도형 상사는 그 자재가 시간 안에 도착할 수 있는지에 더 많은 관심을 갖는다. 팀원은 사고가 났는데 자재가 시간 안에 도착하는지에만 관심이 있는 주도형 상급자를 비인간적이라고 생각하기 쉽다. 종종 사람이나 과정보다 결과나 일을 먼저 챙기는 특성 때문에 냉정하고 비인간적이라는 오해를 받기도 한다.

이처럼 주도형은 원하는 바를 이루기 위해 어려운 문제들을 부딪쳐서 해결하고, 장애를 극복하는 탁월한 능력을 가졌다. 주도형의 이런 과제 해결력과 장애 극복력은 성과를 중시하거나 경쟁이 치열한 상황에 있는 기업이나 조직에서 인정받기가 쉽다. 우리가 주도형을 결정권한을 가진 고위층이나 경영자 또는 상급자로서 비교적 많이 보게 되는 결정적 이유이다.

‖ 4. 자신의 힘을 환경보다 강하다고 믿는 주도형

주도형은 환경을 통제하고 자신이 원하는 환경으로 만들 수 있다고 본다. 그래서 새로운 기회와 도전적인 변화는 자신의 힘을 확인하는 상황이라고 생각하면서 즐긴다. 사장이 주도형이라면 세계시장으로 나가고 싶어 하고, 변방보다 중앙으로 진출하고 싶어 한다. 주도형 소비자는 새로운 술이 나왔다고 하면 마셔봐야 하고, 특이한 트렌드나 맛집이 있다면 가서 먹어봐야 직성이 풀린다. 그리고 그 경험을 이야기하길 좋아한다. 주도형 손님을 특별 대우해준다면 맛집으로 입소문이 나기 쉬울 것이다. 이들은 이러한 특권과 권력을 추구하고 사랑한다. 주도형은 독특함과 특별함을 자신의 힘을 보여주는 증거로 삼는다.

자신이 환경을 통제할 수 있다고 생각하는 주도형의 특성은 새로움을 즐기기 때문에 변화를 유발한다. 이전과 같은 방식, 같은 시장, 같은 아이템에 싫증을 내며, 새로운 기회를 찾고 시도를 한다. 만약 당신의 상사가 주도형이라면, 그 결과가 좋아도 같은 방식과 아이템에서 탈피하여 다양한 시도와 이전과 달라진 부분을 보여주는 것이 좋다. '무엇이 달라졌는가?'는 주도형에게 중요한 평가기준이 된다.

주도형 지도자는 자신의 업적을 눈에 보이는 성과로 남기길 원한다. 이전과 다른 자신만의 방식으로 물질적인 업적을 추구한다. 성숙한 주도형인 경우 생산적이고 건설적으로 이룬 성과나 공이 커서 주변은 물론 인류에게 그 혜택을 누리게 하는 경우도 많다. 인류가 만들어낸 유산, 위대한 건축물, 국가 설립 등 역사의 전면에 등장하는 대부분의 위인들은 주도형으로 볼 수 있다. 기업에서는 새로운 시장을 개척하고, 새 아이템을 기획하며 통로를 마련해서 없는 길을 만들어 내는 역할을 한다. 또한 생산성과 성과를 내는 속도를 높이고, 불가능과 장애에 도전하고 극복하는 탁월한 인재로 없어서는 안 될 유형임에는 틀림이 없다.

‖ 5. 환경을 적대적으로 보는 주도형

주도형은 환경을 자신의 힘을 보여주고 증명해야 할 대상으로 보는 경향이 있다. 그래서 환경과 경쟁하고 투쟁하여 이기고 싶어 한다. 주도형이 목표를 향해 일을 추진할 때 반대나 장애물을 만나면 그것은 자신에 대한 도전이며 싸워 이겨야 한다고 해석한다. 이런 반대나 장애를 어려움이라고 생각하지 않고 해결해야 하는 과제, 또는 거쳐야 하는 과정쯤으로 여긴다. 그리고 깊이 생각하지 않는다. 장애물을 제거하고 문제를 해결하면 된다는 사고방식으로 목표를 향해 계속 전진할 수만 있다면 방해 따위는 상관없다. 장애물을 해결할 때는 물리적 힘을 사용하는 것을 첫 번째 대응방안으로 생각하기 쉽다. 손에 망치를 들었다면 다 못으로 보이듯이 자신이 힘이 있다고 믿는 한 그 힘을 사용한다. 만약 그 환경이 사람이나 단체일 경우 주도형은 자신의 힘을 사용하고, 권력이 있다면 권력을 이용하여 상대방을 제거하거나 제압한다. 그 방법이 물리력이라 할지라도 결과적으로 효과가 있다면 그 힘을 사용하는데 주저함이 없다.

문제는 이렇게 목표를 성취하는 것으로 자신의 힘을 증명하려는 주도형이 잘못된 목표나 대상을 향해 경쟁심리와 힘을 사용할 때 일어난다. 주도형을 소개할 때 우스갯소리로 이런 당부를 한다. "만약 당신이 주도형이라면, 다음의 장소들은 안 가시는 것이 좋습니다. 강원도, 과천, 미사리…." 이 정도 얘기하면 웬만한 분들은 이곳이 어떤 장소인지 눈치를 챈다. 바로 배팅! 도박을 하는 곳이다. 왜냐하면 주도형은 중요한 특성 중 하나인 '칠전팔기 정신'이 있기 때문이다. 이런 에너지가 도박을 만나면 치명적인 결과로 연결될 수 있다. 목표가 올바르지 않더라도 일단 시작하면 그 끝을 보려고 하기 때문에 목표를 잘 설정하는 일이 주도형에겐 매우 중요하다.

지도자의 경우 자신이 이루고자 하는 업적에 한번 꽂히면, 그 결과를 성취하는데 방해가 되는 것을 제거하려 하고 반대 여론과 타협하려 하지 않는다. 미성숙한 주도형 지도자는 전쟁도 불사하겠다는 도박을 시도할 수도 있다. 우리나라의 경우 북한이라는 특수한 환경이 있기 때문에 주도형이 지도자가 될 경우 민감하고 신중한 접근이 필요하다. 왜냐하면 주도형 지도자는 상대를 적으로 인식하기 때문에 적대적인 정책을 펼쳐 남북관계의 냉각을 가져올 가능성이 높기 때문이다.

‖ 6. 7가지 요소로 정리한 주도형의 특성[1]

1) 주도형이 추구(동기)하는 것은 무엇인가?

주도형은 상황이나 조직을 통제할 수 있는 명확한 위치와 권한이 보장될 때 그 유형의 특징을 가장 잘 발휘한다. 그래서 조직이나 그룹의 장이 되면 주도형의 성향이 뚜렷하게 나타난다. 타인의 활동을 직접적으로 지도하고 통제할 수 있는 권력을 매력적으로 느낀다. 이런 성향은 권력에 대한 강력한 욕구로 나타난다. 새로운 도전과 자기 권력을 증명할 수 있는 업적의 기회가 있을 때 명확하게 동기부여가 된다.

2) 두려움은 무엇인가?

주도형은 힘에 대한 권력을 바탕으로 존재감을 표현하기 때문에, 상대보다 약하거나 만만해 보이는 상황을 두려워한다. 외적으로 강해 보이기 위해 의도적으로 권위적인 표정과 이미지로 무장한다. 대범하고 강인해 보이는 행동을 취함으로써 자신의 약점이나 소심함을 감추려 한다.[2] 타인의 의견을 따라가는 것은 상대에게 휘둘리고 만만해지는 것이라고 생각해서 자신의 의견을 관철하려 하고, 거의 대부분 관철시킨다.

3) 선호하는 환경은 무엇인가?

주도형이 선호하는 환경은 바로 자신의 의사결정 권한이 보장되는 환경이다. 서열정리가 명확하고 독립적 의사결정이 가능한 상황을 가장 선호한다. 이런 환경은 빠르게 의사결정하고 행동할 수 있기 때문이다. 다른 사람의 의견을 구하고 배려하면 일의 진행이 느려지고 오히려 방해를 받아 위기를 초래할 수 있다는 불안감이 작용한다. 주도형은 환경을 늘 적대적이고 위기상황이라고 인식하기 때문에 자신의 판단을 빠르게 실행에 옮기는 것이 가장 좋은 선택이라고 생각한다. 우유부단하거나 신중하게 시간을 끄는 것을 싫어하고 빠른 판단과 실행을 추구하기 때문에 가끔 시행착오도 겪게 된다. 철저하게 결과지향적이고 성과 위주로 평가받는 환경을 좋아하며, 경쟁도 이런 환경의 조건 중 하나가 된다.

4) 갈등과 스트레스 상황에서 어떻게 하는가?

주도형은 지나친 간섭이나 통제로 인해서 자신의 책임과 권한이 제한받는다고 느끼면 상당한 스트레스를 받게 된다. 심지어 힘과 지위가 그 자신이라고 생각해서, 권력을 잃으면 자신을 다 잃어버린 것처럼 생각하고 극단적인 판단을 내린다. 실행에 옮기는 속도도 빨라서 안타까운 비극이 발생하기도 한다.

성숙한 주도형의 경우 조직에서 상급자나 주변 사람에게 간섭을 받게 되면 감정적으로 격해지고 자신에게 반대하는 세력으로 규정한다. 이런 상황이 되면 그나마 있는 유연함을 잃고 독재적이고 공격적인 성향을 그대로 드러낸다. 그리고 타인의 견해나 감정을 무시하고 관계를 단절하기도 한다.

5) 과도하게 사용할 때 나타나는 부작용은 무엇인가?

타인에게 강압적이며 독재자적인 성향으로 비춰진다. 특히 직설적인 대화와 표현을 쓰기 때문에 타인의 감정을 쉽게 상하게 할 수 있다. 그러나 주도형은 이 점을 중요하게 생각하지 않기 때문에 상처를 준다. 타인의 감정에 무감각한 특징 때문에 '자기중심적'이고 타인을 배려하지 않는 이기적인 사람으로 오해를 받기도 한다.[3] 스트레스 상황에서는 주도형의 전형적인 특징이 더 잘 드러난다. 추진력은 좋지만 상대적으로 세심하게 확인해야 할 디테일을 놓치거나 세부계획을 간과하고 서둘러 결론을 내려 손해를 보는 경우가 많다.

6) 의사소통의 특징은 무엇인가?

직설적이고 단도직입적으로 말한다. 인사말이 길고 주변의 세세한 설명이 길어지면 더 이상 듣지 않는다. 타인과 대화를 할 경우 복잡한 과정에 대한 설명에는 자신과 의견이 일치하는 부분만 선택적으로 듣는 경향이 있고 짧고 직설적인 답변을 한다. 과정에 대한 설명이 길어지면 결과에 대해 말하기를 재촉한다. 속도가 빠르기 때문에 상대방의 말에 끝까지 귀 기울이기보다 대화를 끊고 자신의 주장을 하며 말이 빠른 편이다. 이런 성향 때문에 상대방을 설득하는데 어려움이 있고 상대의 공감을 이끌어내는데 한계가 있다. 자신에게 힘이 있다면 대화로 설득하는 것을 별로 달갑게 생각하지 않는다. 이 책을 읽는 독자가 주도형이라면 이런 디테일한 설명 부분은 건너뛰고 관심 있는 정치인 유형으로 바로 치달을 가능성이 높다.

7) 주도형의 효과 증진책은 무엇인가?

주도형이 효과적인 결과를 얻기 위해서는 제일 먼저 대화방식을 바꿀 필요가 있다. 기존의 단도직입적이고 직설적인 대화방식에서 상대방의 말을 끝까지 듣고, 경청하는 노력을 기울여야 한다. 결과 중심적인 대화를 추구하는 대신 과정을 충분히 듣고 설명해서 상대방의 공감을 이끌어야 한다. 타인의 노력과 공로를 인정해주고 타인의 감정을 고려하여 말해야 한다. 또한 일을 추진할 때 세부적인 실행과정과 계획을 확인하고 예상되는 결과에 대해 한 번 더 생각한 후 실행한다면 실수를 줄일 수 있다.

2

주도형의 리더십과 정직성

주도형은 색깔이 분명한 캐릭터이기 때문에 영화나 소설의 주인공으로 자주 등장한다. 영화 속의 영웅 캐릭터들은 높은 정직성을 가진 주도형일 가능성이 높고, 악당 캐릭터는 낮은 정직성의 주도형이 많다. 두 주도형의 주인공이 서로의 목적을 이루기 위해 죽을 때까지 싸우는 과정이 줄거리가 된다. 이런 주도형이 권력의 정점에 있다면 그 특성이 증폭될 수 있다. 정직성이 높다면 주도형의 장점이 증폭되어 업적을 남길 것이다. 반대로 정직성이 낮은 주도형은 부정적으로 힘이 증폭되어 국가권력을 부적절하게 사용할 수 있다. 주도형이 가진 탁월한 장점들이 정직성의 높고 낮음에 따라 어떤 모습으로 나타나는지 살펴보자. 핵심 키워드는 정직성이다.

‖ 1. 높은 정직성을 가진 주도형 리더의 모습은?

정치지도자는 한 사람 개인의 영역을 넘어서 막강한 힘을 갖는다. 정직성이 높은 주도형 지도자는 〈스파이더맨〉의 유명한 대사 "큰 힘에는 큰 책임이 따른다. With great power comes great responsibility."는 말을 가장 잘 이해하는 사람이다. 힘을 어떻게 사용해야 할지를 안다. 자신이 가진 권한을 최대한 활용하여 국익을 추구할 것이다. 이러한 목표를 위해서 어려움을 극복하고 결국 그 목표를 이루는 사람이다.

주도형의 리더십은 흔히 '카리스마'라고 불리는 특징을 보인다. 자기 스스로 확신을 가지고 태어난 사람이다. 이런 확신은 무엇을 결정하고 실행에 옮김에 있어서 주저함이 없고 흔들림 없는 모습으로 나타난다. 주도형의 확신에 찬 모습은 주변 사람들의 불안함을 잠재우고 따르게 하는 힘을 가진다.

주도형 리더는 그 자체가 힘과 확신을 보여주기 때문에 반대 세력의 비난이 생각보다 거세진 않다. 사람들은 그 상대가 힘이 없다고 생각할 때 비난과 반대가 극렬해지기 때문이다. 또 비난이나 반대가 있더라도 높은 정직성을 가진 주도형은 이런 반대 의견을 묵살하지 않고 설득과정을 거치며 결국에는 확신을 가지고 원하는 일을 돌파해낸다. 태종, 나폴레옹, 광개토대왕, 알렉산더 등과 같이 자신의 영역에 수구적으로 머물지 않고 위업을 달성하는 역사적인 인물들을 예로 들 수 있다.

정직성이 높은 주도형은 목표를 이루는 과정에서 타인을 이용하거나 착취하지 않는다. 자신의 성과에 대해 정직하게 이룬 것을 자랑스럽게 생각하고, 그 결과로 얻어진 지위의 권한을 테두리 안에서 사용할 것이다. 정직성이 높을 경우 누가 보지 않더라도 자신의 양심의 소리에 귀 기울이며 스스로 성찰하고 도덕적으로 행동한다. 복수를 해야 할 경우라도 법으로 심판할 것이다.

주도형이 정직성이 높고 건강하게 균형 잡힌 상태라면, 그것이 지닌 여러 특성들이 장점이 되어 역사에 등장할 위대한 리더십을 보여준다.

‖ 2. 낮은 정직성의 주도형은 어떤 모습일까?

우리가 피해야 할 가장 최악의 상황은 낮은 정직성을 가진 주도형 정치지도자를 만나는 경우이다.

낮은 정직성을 가진 주도형은 주도형이 가진 장점인 대범함과 행동력을 부정적인 쪽으로 증폭시킬 수 있다. 원하는 목표가 법에 위배될 경우에도 주저하거나 생각의 수준에 머물지 않고 이 목표를 달성할 수 있는 과감한 행동력을 가진다. 돈과 권력이라는 탐욕을 위해 과감히 모험에 뛰어든다. 자신이 원하는 지위와 권력, 부를 위해서 그 열망을 숨기지 않고 그것을 얻기 위해 어떠한 수단과 희생을 치를 태세가 되어 있다. 그 과정은 강압적으로 진행되고 무례할 수 있다.

낮은 정직성을 가진 주도형 지도자가 만드는 가장 위험한 상황을 보여준 사람이 독일의 전범인 헤르만 괴링Hermann Göring다. 그는 "국민이 항상 지도자의 명령에 복종하도록 만드는 것은 쉽다. 국민들에게 공격받고 있다고 선전하고, 평화론자들은 애국심이 부족하다고 맹비난하며 국가를 위험에 빠뜨리기만 하면 된다. 이것은 어느 국가에서나 작동한다."라고 말했다. 우리가 가장 피해야 할 평화가 위협받는 상황조차도 정직성이 낮은 주도형 지도자는 과감히 이용하려 한다.

주도형은 과감히 결단하는 특성을 갖고 있고, 자기 확신이 강해서 '거칠 것 없는 나르시시스트'[4] 라고 볼 수 있다. 다른 사람에게 주목받는 걸 즐기고 자신의 우월감을 인정하고 그에 걸맞는 대우를 요구한다. 그리고 힘 있는 사람만 인정한다. 반면 자신보다 약하다고 인식되면 그 사람 위에 군림하려고 한다. 이런 특성은 다른 사람을 지배하길 갈망하고 그런 권력이 자기에게 있음을 당연하게 생각한다. 특권과 반칙을 사용하는 것이 힘 있는 자의 당연한 권리라고 생각한다. 그 지위를 이용해 다른 사람을 조종하고 이용한다.

이들은 무리하게 목표를 추구하는 과정에서 일어나는 주변의 비판에 대해 불쾌하게 생각하지만 여론에 별로 흔들리지 않는다. 불만 세력을 제거하기 위해 폭력적인 수단도 불사한다. 그리고 철저히 응징한다. 그리고 그 보복방법은 윤리적인 잣대와 상관없이 상대를 짓뭉개는 수준이 된다. 이 과정에서 일어나는 다른 사람의 희생이나 고통에는 냉혹한 편이다.

특히 빈부격차가 심한 '승자독식' 사회일수록 이들은 부와 지위를 추구하는데 있어서 자신의 위험을 감수할 뿐 아니라 타인을 위험에 처하게 하는 것 역시 신경 쓰지 않는다. 차갑고 매정한 스타일로 남의 감정이나 고통에 공감하지 않고, 사익을 추구하기 위해 남에게 위해를 끼치는 것을 피해야 할 이유도 별로 느끼지 못한다. 의리, 도의, 죄책감이나 연민 같은 단어는 이들에게 존재하지 않는다.

이들은 세상을 서로가 서로를 이용하고 싸워 이겨야 하는 혹독한 정글이자 투쟁의 현장으로 보고, 다른 사람에 의해 이용당하기 전에 내가 먼저 이용해야 한다는 심리를 가지고 있다. 낮은 정직성을 가진 주도형에게 세상에는 철저한 힘의 논리와 정글의 법칙이 있을 뿐이다. 인간에겐 선의란 없고 만약 상대가 정직한 사람으로 보이는 경우 위선이거나 모자란 사람으로 여긴다.

이들은 목표를 향해 일을 추진할 때 과정의 투명성이나 객관성을 확보하는데 걸리는 시간과 법 체계를 무시하는 경향이 많다. 정치지도자가 이런 사람일 경우 그 후유증은 국가와 국민과 국토에까지 발생할 것이다.

3

주도형 리더의 다른 사례

우리나라에서 주도형으로 판단되는 정치지도자는 대표적으로 박정희, 전두환, 이명박 전 대통령과 이재명 성남시장을 꼽을 수 있다. 비교적 가까운 시기의 주도형 리더 중 이명박이 보여준 행적은 주도형의 특성을 이해하기 좋은 사례이다. 최근 이명박이 다음 정권을 자기 손으로 창출하겠다는 소식이 들려온다. 이명박을 되새겨 볼 만한 이유이기도 하다. 주도형은 한 번 마음먹은 일은 해내기 때문에 빈말로 들리지 않는다. 아울러 이명박, 이재명, 이 두 주도형 리더와 정직성의 변수를 기준으로 함께 고려해 보자.

‖ 주도형 정치가 사례: 이명박

본인의 의견과 세상의 평가가 이렇게 다른 사례도 아마 찾기 힘들 것이다. 이명박은 전형적인 주도형으로 여러 반대와 우려에도 아랑곳없이 굵직한 정책들과 성과를 남겼으나, 그 후유증도 만만치 않다. 그가 주도형 리더의 특징을 보이면서 반대와 비판 여론을 뚫고 돌파해낸 사업들을 살펴보면 다음과 같다.

먼저 경제적인 측면을 살펴보면 청계천 사업에 대한 평가는 엇갈린다. 긍정적으로는 하루 5만 5,000명의 관광객과 시민이 찾는 도심의 명소라는 평이 있다. 부정적으로는 하루 12만 리터의 한강 물을 끌어다 써서 해마다 78억 원의 보수비용이 발생한다. 비가 오면 물고기가 집단 폐사하는 상황이 발생하고 있다. 불도저식으로 밀어붙인 부작용이다.[5]

이명박은 기업과 기업가의 활동이 활발해야 국가 경제가 활성화된다고 보고 법인세를 완화하고 부유층의 세금을 감면했다. 이로 인한 세수 부족으로 국가재정이 악화되었고, 복지정책에 제동이 걸렸다. 기업은 인하된 세금으로 재투자를 하는 대신 사내 유보금으로 현금을 쌓아두고 있는 형편이다.[6] 이는 소득양극화를 더욱 가속화시키는 결과를 초래했다.

4대강 사업은 정책 실패의 가장 큰 후유증을 남긴 사례이다. 초반에는 한반도 대운하 사업으로 공약했으나 건설방법의 비현실성과 운하 설치의 실효성이 없어 취소했다. 이후 유사 사업인 4대강 사업을 발표했다. 홍수와 가뭄을 방지하고, 강바닥을 준설하여 정화한다는 목적이었다. 22조 원의 막대한 국가재정을 투입하여 실시했으나 수질 악화와 생태계 파괴의 결과를 맞았다. 그럼에도 불구하고 4대강 유지관리비만 연 1조 원이 들어가고 있다. 또한 공사과정에 참여했던 17개 건설사가 비리혐의로 사법 처리되기도 했다.

이명박은 석유나 금광과 같은 자원 확보를 위한 자원외교를 적극적으로 추진했는데, 이는 고 위험 투자방식으로 큰 손실을 초래했다. 투자결정방식의 투명성이나 전문성이 확보되지 않아서 사기를 당하고 원금 회수가 불가능하게 되는 등 부실 투자 논란이 끊이질 않고 있다. 손실의 규모가 50조 원 이상이라 국정감사를 실시해야 한다는 목소리가 크다.

4대강과 자원외교, 포스코 비자금 조성 논란과 함께 적게는 14억 원부터 1,100억 원까지 이르는 방위 사업 비리 사건과도 연결되어 있어 '사자방 비리'로 지탄받고 있다. 그러나 이명박 정권 당시 이런 손실금의 행방이 어디인지 정확히 밝혀내기 어려워 "버린 국고 1조 원, 이삭만 주워도 수백 억."이라는 말이 법조계와 정치권에서 파다했다.[7]

다음은 대북관계와 안보에 관해서 살펴보기로 한다. 주도형은 세상을 전쟁터로 생각하고 상대방을 적대적으로 인식한다. 이러한 상대방에 대한 인식은 이명박 정권의 대북관계에 그대로 나타난다. 천안함 사건과 연평도 포격, 북한 금강산 관광을 갔던 박왕자 씨가 북한

초소병의 총에 맞아 피살된 사건 등으로, 북한에 대한 투자 및 경제 지원을 제한하도록 하는 5.24조치를 취하고 대북강격책을 실시했다.

또한 이전 정권인 노무현 정권에 대한 강압적인 수사와 허위 사실을 섞어 공표함으로써 노무현 전 대통령의 명예를 크게 훼손하여 비극적인 결과를 맞이하게 한 정치 보복이라는 비난도 있다. 또 이명박의 정책에 비판적이었던 시민사회단체와 인권 향상을 위한 여러 단체를 폐지하거나 수사하여 축출하기도 했다.

이외에도 역사 바로 세우기 역행, 교원 평가, 부동산 부양, 언론자유 말살, 공기업 낙하산, 정책 시행과정 등이 여전히 논란의 중심에 있으며 이런 의혹에 대한 조사가 제대로 이뤄지지 않고 있다.

정책뿐만 아니라 친인척 비리와 개인적 품성을 알 수 있는 사건들도 많다. 이명박의 아들이 근무하는 투자회사 맥쿼리의 특혜 의혹과 내곡동 사저 비리 등을 들 수 있다. 또 대선 후보 시절에는 "얼굴이 덜 예쁜(유흥업소) 여자가 서비스가 좋다."는 성희롱 발언으로 구설수에 오르기도 했다.[8] 이명박의 큰형인 이상득 의원이 지역구인 포항 주변에 막대한 예산을 투입하여 특혜 논란을 빚은 '영포라인' 관련 비리 사건도 있었다.

4
주도형 지도자와 정직성 변수 : 이재명

∥ 1. 주도형의 에피소드

박근혜 · 최순실 사태 때 이재명이 시원시원하게 국민들의 의견을 대변해준다는 의미에서 '사이다'라는 별명을 얻었다. 박근혜 탄핵, 대선 부정투표와 수개표 발언 등 선뜻 꺼내기 힘든 이슈를 대중에게 던진다. 결단력 있고 명확한 자세를 취한다. 주도형의 대표적 사례로 손색이 없다. 이재명이 걸어온 길 역시 이 범주에서 크게 다르지 않다. 그 사람의 말은 생각과 지향점을 드러내는 창이다. 그래서 가급적 화자의 말을 원문 그대로 살려서 표현했다.

1) 정면승부로 어려움 돌파하기

주도형은 방해나 어려움이 있을 때 정면으로 맞대응한다. 협상이나 회피보다는 정면승부를 한다. 첫 번째 사례는 시민운동을 통해 시의회를 설득하여 시립의료원을 설립하려 했으나 좌절되었을 때이다. 당시 이재명은 자신의 손으로 직접 해결하겠다고 나섰다.

"시립의료원의 설립이 좌절되었을 때, 제 3자로서 청원하고 감시하는 게 아니라 직접 권한을 가지고 시립병원을 만들어 공공의료의 전국적 모범이 돼보자. 도저히 바깥에서는 못 하겠다. 한 번 직접 내 손으로 만들자. 그때 출마를 결심했어요."[9]

두 번째 사례로는 '종북'으로 지목되었을 때와 국정원에서 선거 개입을 했을 때의 대응을 들 수 있다. 대한민국의 정치상황에서 이 2가지 문제를 건드리는 것은 그 자체로 위험을 내포하고 있다. 그러나 이재명은 그 위험을 잘 알고 있으면서도 2가지 모두 정면대응을 한다.

"대한민국에서 정치적 반대자를 낙인찍는 '종북몰이'에 정면으로 대응했습니다. 종북몰이에 끼어드는 순간 이미 반은 종북이 되어버리기 때문에 모두들 이 논쟁에서 빠지고 싶어 합니다. 그러나 민주주의 사회의 어두운 적들을 내버려둘 수 없기 때문에 바늘로 얼음을 깨는 심정으로 정면으로 맞섰습니다. 작은 승리를 거두었어요. 맞서지 않으면 서서히 가랑비에 옷이야 젖었겠지만, 그렇게 심하게 물벼락을 맞지는 않았을 겁니다. 위험하지만, 손해를 보겠지만, 작은 틈새지만, 도전하고 최선을 다해서 뚫었습니다."[10]

"국정원 정치사찰과 지방선거 개입의 근거를 제시하는 기자회견을 했습니다. 성남에서 이렇게 노골적인 사찰이 이루어지고 불법적으로 선거에 개입했다면, 다른 자치단체인들도 불문가지일 겁니다. 정면돌파를 위해 치고 나갔지요. 있어서는 안 될 일이기 때문입니다. 지방선거에까지 국정원이 개입하는 것은 막아야 하기 때문입니다. 내가 당선되느냐 마느냐 문제는 다음입니다. 민주주의 시스템 자체를 근본적으로 깨는 행위를 방치할 수 없었습니다."[11]

2) 빠르고 직접적인 일 처리와 대중과 직접 소통하기

주도형의 일 처리방식을 한마디로 이야기하면 '눈에는 눈, 이에는 이'라고 할 수 있다. 그리고 그 일의 결과는 행동으로 이어져야 한다. 행동하는 것을 '일했다'라고 표현한다. 해결해야 하는 일에 시간이 많이 걸리고 지체되는 것을 싫어하기 때문에 가장 효과적이고 신속한 방법을 찾고 단시간에 해결한다.

차를 타고 다니다 굴착 공사 후 도로가 제대로 복구되지 않은 것을 발견했을 때도 "앞으로 덜커덕거리는 게 발견되면 그 업자를 다시 불러 하자보수를 시킨다. 반드시 시행한다."라고 지시를 내려 이 문제를 해결했다. 업자들이 다시 와서 하게 되면 돈이 더 들게 되니까 처음부터 깔끔하게 일을 마무리한 것이다. 그 후 다시는 덜커덕거리는 곳을 발견할 수 없었다고 한다.

성남시의 빠른 민원 해결은 '광속행정의 원칙'을 따른다. 그 내용은 '어떤 민원이라도 "예, 접수를 받았습니다. 처리하겠습니다."라고 알려줄 것, 반드시 그 결과를 알려줄 것, 그것도 최대한 빨리, 최종 결과가 늦어지면 늦어지는 이유를 분명히 설명할 것'이다. 시장의 의지가 반영되면 민원 해결도 이렇게 신속해진다.

"SNS는 나의 무기이자 방패입니다. 안 할 수가 없어요. 영향력 있는 언론은 이런 얘기를 안 해줍니다. 1명이라도 더 알려야 합니다. 대통령은 눈 뜨면 출근이고 눈 감으면 퇴근이라고 하던데, 지자체장도 계속 민의를 수렴해서 행정자치에 반영을 해야 합니다. SNS로 접촉하고 잘 활용하고 있습니다. '죽자 살자'로 하고 있습니다."[12]

트럼프가 성공한 이유는 그의 말이 거칠고 험악해도 메이저 언론을 중간에 두지 않고 국민의 언어로 국민에게 직접 이야기한 결과[13]이다. 이재명도 언론의 지형이 자신에게 불리하기 때문에 국민에게 직접적으로 이야기한다. 그의 트위터 팔로우가 14만 명이다. 그는 이 14만 명에게 때로는 스피커를 대고 말하기도 하고 14만 명의 작은 소리에 귀를 기울이기도 하며 작은 소리를 더 큰 울림이 되도록 허브 역할을 하기도 한다.

이재명은 이런 직접 소통하기 방식을 정책에 반영하여 SNS 소통관제도를 시행했다. 시민들의 일상적 문제와 민원을 트위터, 페이스북 등 소셜네트워크를 기반으로 빠르게 접수하고 해결한다. '광속행정'으로 이곳저곳에서 상도 받고, 배우러 오는 자치단체들도 많다고 한다.

3) 물리적인 힘의 사용과 목표 의식

위의 사례와 연결하여 보면 빠르고 효과적인 일 처리를 위해 권한을 어떻게 써야 하는지 아는 것으로 보인다. 여기서의 권한은 법과 지위를 이용한 '강제력'을 의미한다. 자신에게 있는 권한을 최대한 효과적으로 사용하여 원하는 일을 해내는 것이다. 성남시 청소노동자의 급여가 시에서 지급한 액수와 다른 것을 파악하고 중간에서 급여를 가로채는 것을 한 번에 해결했다. 책정된 급여를 다 지급하는 조건으로 위탁계약을 하고 위탁업체의 이윤도 보장해서 양쪽 다 문제가 없도록 해결했다. 그는 권한을 쓸 줄 안다.

"시민으로부터 위임받은 권력으로 생기는 이익을 특정 소수가 갖게 하는 것 자체가 심각한 문제가 있습니다. 그런 걸 용납할 수는 없습니다. 시에서 무언가 사업을 위탁하는데, 위탁받았다는 그 이유만으로 일부가 부당한 이익을 받는 건 착취죠. 하여튼 권력 행사로 인한 부당한 불로소득들은 공적으로 환원시킬 수 있어야 합리적인 사회입니다. 그런데 불로소득을 노리는 사람이 너무 많습니다. 또 그게 정치하는 유일한 목표인 경우도 많습니다. 그런데 시민들 입장에서는 그런 사람을 가려내기가 어렵습니다."[14]

"희망을 만들어야 하고, 희망의 근원은 공정한 기회고, 공정한 기회는 양보를 통해서 만들어지는 것이 아니라, 결국 강제를 통해서 만들어질 수밖에 없다는 겁니다. 그걸 하는 게 바로 정치입니다."[15]

이렇게 주어진 권한을 최대한 이용해서 일을 해결하고, 또 일은 목표와 직결된다. 이재명이 일을 했다는 것은 무엇인가 성과로 나타나야 하는 것이다. 그는 한국매니페스토실천본부에서 공약 이행 3년 연속 최우수 판정을 받았다. 하고자 하는 일은 몇 가지를 빼고 거의 대부분 해냈다. 대규모의 비공식 부채 청산, 기업 유치, 교육 지원, 각종 개발 사업, 무엇보다 시장으로 출마하는 계기가 되었던 시립의료원 착공 등. 그는 권력을 어떻게 사용할지 알고 그 강제력을 이용해서 자신이 지키고자 하는 가치를 지킨다. 그리고 그 가치를 위협하는 집단이 어떤 대가를 치러야 할지를 예측하게 한다.

"저는 권력 행사는 잔인하게 해야 한다고 생각합니다. 좋은 방향으로! 용서나 화해, 화합은 잘못을 뉘우치고 반성하는 사람하고 하는 겁니다. 강도나 그런 사람, 불법 부정을 저지른 불합리한 집단, 인간들과는 화해하는 게 아닙니다. 10명을 죽이려는 정책을 만든 사람에게 화합해서 5명만 죽이라고 하는 게 아닙니다. 100만 원 훔친다는 집단에게 50만 원만 훔치라고 하는 게 아니에요. 그건 죽도록 싸워서 부셔야 하는 겁니다. 그래서 저는 권력 행사는 잔인하게 해야 한다고 생각합니다. 좋은 방향으로 그건 의무라고 생각합니다."[16]

4) 독립적인 권한 추구

주도형은 어려움을 극복하고, 상황이나 다른 사람을 통제하여 원하는 것을 해내는 특징을 가지고 있다. 특히 자신이 독자적인 권한을 가지고 이를 사용하는데 제약이 적은 상황을 가장 선호하며 추구한다.

이재명이 사법연수원을 마칠 때 판사, 검사, 변호사를 선택할 수 있었고 성적도 가능한 상황이었는데 변호사를 선택한 점을 예로 들 수 있다.

"판사는 판결문을 쓰기 때문에 결정권은 있지만 어찌 보면 피동적 존재잖아요. 스스로 선택해서 할 수 있는 게 없어요. 검사는 권력의 하수인이라 진짜 못 하겠고. 결국은 자유롭게 내 일을 할 수 있는 게 변호사라서 변호사를 선택했습니다." [17]

지방재정 개편에 대해 단식까지 불사할 정도로 반대한 이유는 지방자치가 민주주의의 근간이기 때문에 그 근간을 흔드는 중요한 위협이라는 이유도 있었다. 그러나 성남시장으로서 자신이 가지는 권한을 더 이상 행사하기 어려워지기 때문이라고도 볼 수 있다. 독자적인 판단과 결정을 할 수 있고 필요한 권한을 행사하는 환경을 좋아하는 주도형이기 때문에 재정 부족으로 인해 자신의 권한이 축소되는 상황은 절대 받아들일 수 없는 것이다.

5) 환경과 사람을 통제해서 원하는 것을 이룬다

주도형의 이름에 '주도적'이라는 이름을 붙인 건 그것이 가장 큰 특징이기 때문이다. 불리한 위치이고 수동적으로 따라야 하는 상황에서도 주인처럼 행동하고 말하여 결국 자기가 유리한 고지를 점령한다. 어디서든 주인의 마음으로 최선을 다한다는 불교 언어 '수주작처隨主作處'가 딱 어울린다. 이재명은 이 말을 '꼬리를 잡고 몸통을 흔든다'로 환원시켰다. 현실은 꼬리이고 힘이 없어 보이지만, 사실은 몸통을 흔들 만큼 영향력을 행사할 수 있다는 주도형의 표현이다.

"꼬리를 잡고서 흔들면 몸통도 흔들리는 사회, 꼬리의 성공에 따라 물 흐르듯이 몸통도 함께 흐르면서 함께 변하는 사회가 합리적인 사회입니다. 성남에서 '정의'면 대한민국에서도 '정의'가 되는 사회, 성남의 성공이 대한민국에서도 통하는 그런 사회가 합리적인 사회겠지요. 그런 사회를 만드는 게 제 꿈이기 때문에 비록 중심에 가 있지 않아도 할 일은 똑같다고 생각합니다."[18]

6) 상대와 환경을 적대적으로 본다

주도형은 하려는 일에 방해를 받거나 반대 세력이 있을 때 그 상황을 전쟁을 치르는 것과 비슷하게 생각하고 상대방에게 적대성을 드러낸다. 반대 세력의 방해와 어려움이 반복되면 지쳐서 그만둘 법도 한데 이재명은 "우린 진절머리나면 더 해요."라고 표현한다. '원하는 일을 위해서 반드시 이겨야 한다'는 기본 심리가 깔려 있다. 그리고 이겨야 하는 이유는 그것이 민주주의를 지키는 가치 있는 일이기 때문이다.

"정치는 늘 위험을 감수해야 합니다. 안전한 길이 아니라 위험하지만 가야 될 길을 가는 것이 옳다고 봅니다. 편하게 정치하려면 상대당이 반대할 때 안 하면 돼요. 그럼 싸울 일도 없고, 신문에 싸움박질 시장으로 날 일도 없습니다. 욕을 먹을 일도 없고요. 하지만 그럴 수 없습니다. 나는 시장이기 이전에 민주성의 원리를 최고의 신념으로 삼는 한 사람의 민주주의자이기에.

세상 속에서 논쟁가치가 없는 일들이란 대개 그다지 중요하지 않거나 큰 의미 없는 일일 가능성이 많습니다. 그런데 경계선에 있는 일들은 대부분 논쟁적이고 용기와 도전을 필요로 하는 경우가 많습니다.

'용기는 두려움이 없는 게 아니라 두려움을 이겨내는 힘'이라고 생각합니다. 두려움 때문에 도전을 하지 않을 거면, 시장을 할 필요가 없다고 생각합니다. 정치가 나를, 내 삶을 유용하게 쓰는 일이라 생각하는데 그렇지 않다면 시간 낭비, 인생 낭비예요. 그렇기 때문에 나는 민심의 바다에 깊게 뿌리내리려고 하며 날마다 시민을 만나고 토론하고 심지어 싸우기도 합니다. 결국 민주주의가 민심이라는 커다란 바위에 굳게 뿌리내리면 사방에서 오는 바람에도 부러지지 않고 당당하게 맞설 수 있을 겁니다."[19]

이재명식으로 표현하면 불합리와 부정에는 불이익이 있더라도 있는 대로 들이박고, 참지 않고 싸워 나가야 하는 것이다.

"저는 나가서 사회운동을 다시 하더라도 그게 더 의미가 있다면 언제든 선택할 수 있습니다. 그래서 제가 세게 부딪히는 거예요. 왜냐하면 목표한 바나 세상이 원하는 일을 누군가가 막으면 그걸 돌파하는 게 제가 하고 싶은 일인데, 그걸 포기하면 제 삶의 의미가 없잖아요. 그러니까 많이 부딪히는 것 같습니다."[20]

‖ 2. 정직성의 단서가 되는 에피소드

약자를 어떻게 대하는지, 법을 잘 지키는지, 돈과 시간을 자신을 위해 쓰는지, 타인을 위해 사용하는지를 주요 기준으로 정직성을 검토했다. 이재명의 정직성을 판단하기 위해 위의 3가지 단서를 적용해보자.

1) 약자를 어떻게 대하는가와 돈과 시간을 누구를 위해 사용하는가?

이재명은 사회소외계층, 즉 빈민운동으로 시민운동을 시작했다. 약자를 친절하게 대하는 것을 넘어서 그들의 삶을 개선하고 직접적인 도움이 되도록 시스템을 만들고 법을 개정하려는 작업을 했다.

이재명은 시장실에 앉아 아무도 안 만나고도 일을 할 수 있다. 그러나 그는 민원을 삶의 현장에서 직접 듣고 해결하려는 의지를 강하게 보여준다. 그는 시장에 취임하고 나서부터 특별한 일이 없으면 성남을 가로지르는 탄천 변을 걸어서 시청사로 출근한다. 이 과정에서 시장을 만나서 해결하고 싶은 민원을 가진 사람들이 한바탕 대기하고, 이야기하는 과정을 거친다. 될 일은 바로 처리하도록 직접 지시하고 확인하는 과정을 거치면서 그 인원도 많이 줄었다고 한다. 그리고 안 될 일은 정직하고 확실하게 이야기해줌으로써 곤란을 피해가려 하지 않았다.

"처음에는 주로 민원이었던 이야기들이 이젠 일상의 정담들, 살아가는 세상 이야기 등 다양한 주제로 발전했습니다. 처음에는 시간이 오래 걸렸고 시민들 한 분 한 분이 할 말도 많았습니다. 지금은 시간도 줄었고 걷는 즐거움을 느낄 정도로 여유가 생겼습니다."[21]

또한 시장실을 개방해서 언제든 누구나 시장실로 들어와 자신의 이야기를 할 수 있도록 문턱을 낮춰 놓았다.

"취임하고 시장실을 개방하자 시장실을 점거하고 농성하려는 집단 민원들과 만나게 되었습니다. 피하지 않고 다 만났어요. 피할 데도 없고, 피하는 게 능사가 아니기 때문에 당당하게 만났다. 일단 마음을 열고 그분들 이야기를 들으면 대부분 다 해결이 됩니다"[22]

자기를 개방하고 낮은 곳으로 행하는 모습은 정직함 본연의 모습이다. 자기를 개방할 수 있는 자신감은 정직함에서 나오고, 그 정직함이 누구를 만나도 당당할 수 있기 때문이다.

이재명은 약자를 차별하지 않고 오히려 자신의 시간과 돈을 사회적 약자를 위해서 사용했다. 그 자신을 스스로 낮추려고 노력했다. 스스로 빈틈이 많아 보이도록, 가벼워 보이도록 하여 힘없는 사람들이 부담 없이 자신에게 말 걸어 올 수 있도록 하기 위함이라고 한다.

"가벼움이 나에게는 의미 있는 가치이며 전략입니다. 솔직히 의도적인 노력을 하고 있기도 합니다. 권력의 맛에 취하지 않게 하기 위해 그리고 사람들로 하여금 나를 좀 우습게 알게 하기 위해서입니다. 사람들은 스스로의 권한으로 누군가를 뽑았으면서 오히려 그를 우상화하는 경향이 있어요. 정치인은 시민의 머슴입니다. 딱딱하고 권위적이면 원활한 소통은 불가능합니다. 빈틈도 보이고 의례나 격식을 벗어 던지고 자유롭게 말하고 행동하는 노력이 많이 익숙해져서 자연스럽게 몸에 꼭 맞는 옷차림처럼 되었고 나도 편합니다."[23]

2) 법을 잘 지키는가?

그는 자신을 걸어 다니는 타깃이라고 말한다. 호시탐탐 자신을 끌어내리려는 세력에 의해 감시당하고 있고, 조그마한 위법 행위가 있으면 바로 지옥행이라는 것을 누구보다 잘 알고 있다. 그는 이와 관련해 "청와대 비서실에서 이재명을 쫓아내려는 작전 문서가 나왔다. '이 사람은 흠이 없다. 주민소환으로 가야 한다.'라고 다 나온다."고 직접 언급하기도 했다.[24]

이재명은 변호사다. 법을 잘 지키지 못하면 자신에게 엄청난 반격이 올 것을 잘 알고 있다. 그래서인지 법을 오히려 더 열심히 잘 지킨다. 지방재정 개편에 반대해서 광화문 광장에서 단식을 할 때이다. 시장이 광화문에 나와 있으니 행정 공백이 예상된다는 공격에 "행정자치부가 추진하는 정부 3.0을 이용해서 현장에서 확대간부회의도 하고, 인터넷을 이용한 전자결제로 일을 보고 있다."며 오히려 행정자치부 장관을 무색하게 만들었다. 또 〈썰전〉에 출연했을 때 그가 만들어온 지방재정에 관한 자료를 보고 정확한거냐고 묻는 김구라의 질문에 그는 "제가 명백히 100만 도시의 시장입니다. 공무원이 허위문서

작성하면 처벌받습니다."라고 되받아치기도 했다.

법을 잘 지킨다는 것은 약속을 잘 지킨다는 것과 같은 의미이다. 사회와의 약속, 개인과의 약속, 자신과의 약속이 모두 이 개념 안에 포함된다. 시장으로서 시민과의 약속은 공약이다. 그는 정치인의 약속에 대해서 각별한 인식을 가지고 있다.

"정치인의 약속은 계약입니다. 나는 시장 출마를 밝히는 기자회견에서 이렇게 말했습니다. '우리는 공약 안 하고 계약한다.' 정치인의 일방적 약속이 아니고 시민 즉, 유권자들과의 계약이기에 파기할 경우 응분의 책임이 있음을 비장하게 선언했습니다. 그리고 나와 성남시 공무원들은 공약에 대한 세간의 인식을 바꾸는데 도전했고, 또 성공했습니다."[25]

공약을 이렇게 많이 지킬 수 있는 비결을 묻는 질문에 그는 "지킬 수 있는 공약만 하고, 지킬 수 있는 공약은 다 지키면 되는 겁니다. 지킬 수 없는 공약을 하는 것은 유권자, 즉 주인을 속이는 사기행각이고, 지킬 수 있는 공약을 안 지키는 것은 배신행위입니다. 사기와 배신의 길이 아닌 정직과 책임을 길을 가면 되는 것입니다."[26]라고 대답했다.

그렇다면 만약 이 정직함이 자신에게 해가 된다면 그는 어떻게 할까? 정치인에게 유권자들은 중요한 존재다. 인심을 잃어 유권자의 표심를 잃게 된다면 재선이나 향후 정치행방에 위협적인 요소가 될 수 있다. 분명 정직해서 손해 보는 일이다. 그는 이런 위험을 무릅쓴다. 자신의 이익을 위해 거짓말을 하지 않는 신념을 밝히기도 했다.

"시장실을 찾아올 정도로 힘든 요구사항은 가능했다면 다 해결되었을 겁니다. 법률상으로든 현실적으로든 불가능하기 때문에 시장실로 찾아오는 것이지요. 안 되는 일을 요구하는 시민들 잘못이 아니라 정치인, 공무원, 시장의 잘못입니다. 안 되는 이유를 명확하게 설명하고 절대 안 된다고 이야기했으면 그분들은 포기했을 겁니다. 표가 떨어질까 두려워 될 것처럼 이야기한 탓이에요. 검토해보겠습니다. 이렇게 대답하니 '조금만 밀면 되겠네.'라고 생각하는 겁니다. 욕 좀 먹더라도 분명하게 솔직하게 답해야 합니다. 정치인이 자기 표 좀 덜 뺏기려고, 또는 표를 좀 얻어 보려고 사람들에게 불가능한 기대를 갖게 해서 거기에 시간을 허비하게 만드는 것은 해서는 안 될 일입니다. 사기지요. 표 떨어지더라도 정치적 손해를 보더라도 안 된다고 얘기해 주자고 마음먹었습니다."[27]

이재명은 거짓말은 정치인에게 치명적이라고 말한다. 유권자의 표를 얻기 위해 애매모호한 말로 민원인의 환심을 사서 희망고문하는 짓을 거짓말이라고 표현한다. 그는 "나는 시민들에게 거짓말을 안 하려고 정말 많은 노력을 했습니다. 그래서 쓰지 않는 말이 몇 가지 있습니다. '적극적으로 검토하겠다, 긍정적으로 검토하겠다.'라는 말입니다. 현실 회피용으로 '검토'라는 발언은 하지 않습니다. 정치인이 말하는 '검토'라는 이야기는 보통은 안 된다는 얘기를 다르게 표현하는 것입니다. 되면 되고 안 되면 안 되는 것입니다. 거짓말 하지 않았고 그로 인해 발목 잡히지 않았습니다."라고 했다.

이재명은 최소한 지위나 권력을 이용해서 다른 사람을 착취하거나 조정해서 자신의 이익을 취하는 사람은 아닌 것 같다. 그는 권력에 대해 "나는 권력이 필요한 게 아니라 일을 할 수 있는 권한이 필요한 사람이다." 그리고 "자리나 지위가 아니라 일할 수 있는 기회가 필요한 사람이다."라고 했다. 그에게 필요한 것은 제때에 필요한 일을 할 수 있는 권한과 그 일을 할 수 있는 기회다.

‖ 3. 이재명의 미래와 강약점

DISC로 분석한 이재명의 장점은 주도형의 빠른 실행력과 결단력이다. 그리고 의외로 치밀한 신중형의 성격도 가지고 있다. 이러한 그의 특성은 그가 대통령이 되었을 때 최대한의 권한을 이용해서 자신이 공약으로 내건 정책을 실행해 가는 힘으로 발휘될 것이다. 반대와 방해 세력이 거세더라도 그것을 법적인 테두리 안에서 자신의 권한을 칼처럼 사용할 것으로 예측된다.

“대한민국의 정치는 보수와 진보가 대립한 곳이 아닙니다. 대한민국은 사기집단과 상식집단이 대립하고 있습니다. 대개는 부정의하고 부패한 친일부패 권력의 후예들로 구성된 기득권집단과 상식적이고 정상적이며 법을 지키는 합법적인 사회를 바라는 집단입니다. 국민들이 상식과 정의, 그리고 공평한 사회를 원하기 때문에 이제는 색깔이나 프레임에 놀아나지 않습니다. 하나씩 작은 성공을 보여줘서 신뢰를 쌓으며 ‘진짜로 가능하구나’를 보여주면 성공할 것이라고 생각합니다.”[28]

그가 성남시에서 보여주었던 성공처럼 자신이 해결해야 하는 과제라고 생각한 문제들을 하나씩 성과로 이뤄낼 것이다. 〈이완배가 묻고 이재명이 답하다〉 인터뷰[29]에서 질문했던 재벌 개혁, 복지를 위한 큰 정부, 이동통신료, 전기세 · 누진제와 같은 공공재의 불합리 문제, 동일노동 · 동일임금과 같은 선진노동제도, 친일 청산 문제, 원전정책, 사드 배치, 4대강, 남북 문제는 그가 답한 그대로 강한 실행력을 가지고 집행될 것이다. 그 과정에서 발생하는 어려움과 방해는 그 과제들을 해결해가는 프로세스의 일부분일 뿐이다. 그는 스스로를 태종과 같은 인물이라고 표현하였다.

"활성단층대 위 지진을 무릅쓰고 강행 중인 지금의 핵 발전 정책은 온 국민에게 러시안룰렛 게임을 강요하는 것입니다. 썩어 문드러져 무너져 가는 이 나라에는 세종이 아니라 목숨 걸고 구악을 쓸어낼 태종 이방원같은 사람이 필요합니다."[30]

이재명의 약점은 강한 실행력과 튀는 언행을 불편해 하는 시선도 많다는 점이다. 그리고 대선 후보로 언급된 기간이 짧기 때문에 아직 인지도가 낮다는 것과 다른 대선 후보와 비교했을 때 비교적 변방의 자치단체장이라며 평가 절하되었던 점을 들 수 있다. 특히 언론의 환경이 우호적이지 않기 때문에 이재명이 갖고 있는 성남시의 성과와 강점들이 제대로 대중에게 전달되기 어렵다는 것도 아쉬운 점이다.

그는 대선 후보 중 박근혜의 탄핵을 가장 먼저 선명하게 주장하면서 지지도를 18%까지 끌어올렸다. 변방의 사또에서 중앙정치무대의 주요 플레이어로 등장한 것이다. 주도형은 어디서든 자신의 존재감을 뚜렷이 드러내는 특성이 있기 때문에 중앙 조명을 받은 이상 대선 주자로서의 그의 존재감은 분명해질 것이다. 특히 박근혜 · 최순실 사태는 그동안 암암리에 회자되던 법과 원칙 위에 군림하는 세력을 엄정히 단죄해야 하는 필요성을 드러냈다. 이를 원하는 국민의 욕구가 표출된 이상 이재명과 같은 선명한 목표를 제시하는 지도자가 더욱 더 절실하게 요구되고 있다.

주도형은 힘의 논리로 문제를 푸는 사람들이다. 세계정세가 힘의 원리로 돌아가고 있다. 미국의 트럼프, 중국의 시진핑, 일본의 아베. 모두 주도적이고 강경한 지도자들이다. 이들은 힘으로 밀어붙였을 때 밀리는 약자를 보호하지 않는다. 강한 지도자에게는 강하게 나가야 함부로 대하지 않는다. 이재명의 힘은 이런 국외정세에서 가만히 당하지는 않을 공격무기가 될 것이다. 국내적으로는 그가 다른 사람을 돌보고 적대적인 상대를 우리 편으로 만들어내는 화합의 성과가 부각된다면, 싸움닭과 투사에서 확장성을 보여줄 수 있을 것이다.

chapter

one | two | **THREE** | four | five

사교형 리더

국민들의 기운을
북돋아 줄 리더

1
사람 속에서 존재감을 드러내는 사교형

두 번째 유형인 I형을 우리말로 표현하면 사교형이다. 사교형은 말 그대로 사람에 대해 관심이 많고 사람들과 대화를 통해 관계 맺기를 좋아하는 유형이다. 사교형의 I는 인플루언스Influence의 이니셜이다. '영향을 주는'이라는 뜻을 가진 이 단어는 사람들에게 영향력을 행사하고 설득하고 촉진하는 사교형의 특징을 잘 표현하고 있다. 사교형은 즐겁게 일하고 논다. 그 특징은 혼자 있을 때보다 사람들 사이에서 더욱 즐겁게 나타난다. 멋에 대한 감각을 갖고 있어서 차려입으면 화려하나, 꾸미지 않았을 때는 추레하다고 할 정도로 간격이 크다. 주변 정리가 잘 안 되고, 아무리 열심히 정리해도 다른 사람이 보았을 때는 한쪽으로 치워 놓은 것처럼 보인다. 사교형의 일반적인 특징들을 속도와 우선순위의 기준으로 살펴보자.

‖ 1. 사교형의 일반적인 특징들

사교형은 속도가 빠른 점이 주도형과 비슷하나 우선순위가 사람이 먼저라는 특성이 주도형과 다르다. 주도형에서 소개했던 에피소드를 생각해보자. 결혼하고 싶은 여자가 있는데 부모님이 눈에 흙이 들어와도 안 된다고 했던 상황이다. 이 질문에 부모님을 설득하겠다는 답변이 제일 먼저 떠오른다면 사교형이라고 볼 수 있다. 이러한 특성은 사교형의 우선순위가 인간 중심이고 사람과의 관계가 그들에게 중요한 가치라는 것을 보여준다.

‖ 2. 인간 중심의 사교형

주도형이 자신이 목표한 바를 이루기 위해 반대를 불굴의 의지로 관철시킨다면, 사교형은 자신의 의견을 최대한 설득하는 쪽을 택한다. 주도형의 관심사는 일단 자신이 원하는 목표 즉, 사랑하는 여자와의 결혼이다. 과업이 우선순위가 된다. 부모님과의 관계나 자신의 이미지 손상 등은 그 과업 해결 이후의 문제가 된다.

반면에 사교형은 과업보다는 인간관계를 우선하기 때문에 '결혼'이라는 원하는 과업도 중요하지만 자신의 이미지 손상이나 부모님과의 관계 훼손을 최소화하는 것이 더 중요하다. 관계를 잘 해결하면 과업도 함께 이룰 수 있다는 실리적 사고를 하는 유형이다. 사교형은 문제를 해결하는 과정에 공을 들인다. 관계를 훼손하지 않고도 목표를 이루는 다양한 방법을 사용한다.

이런 사교형의 특성에 대해 좋게 말하면 '아이디어가 풍부하다'이고, 나쁘게 말하면 잔머리가 잘 돌아간다는 뜻으로 'JQ가 발달했다'라는 우스갯소리로 표현한다. 결혼이라는 목표를 위해 사교형은 부모님과 함께 여행도 가고, 선물도 주고, 좋은 추억을 쌓게 하는 등 환경과 분위기를 조성하여 결혼하고 싶은 목적을 이룬다고 볼 수 있다. 즉 문제 해결에 있어서 정면돌파보다는 여러 가지 다양한 우회로와 방법을 사용한다. 그래서 최소한의 투입으로 최대의 효과를 추구하는 효율성을 아주 좋아한다. 손 안 대고 코 풀길 원한다.

사교형이 지도자라면 전쟁에서도 전면전을 하는 경우는 거의 없을 것이다. 적을 제거해야 하는 상황이라면 사교형은 스파이를 보내거나 교통사고를 위장한 암살 같은 교묘한 술수를 사용할 것이다.

미국의 조지 워커 부시 전 대통령과 빌 클린턴 전 대통령을 비교해서 DISC 유형을 파악해보자. 부시가 주도형이라면 클린턴은 사교형이다. 부시는 후세인을 제거하기 위해 700~800대의 스텔스 폭격기 등을 투입해서 대규모 공습을 했으며, 특수부대와 지상군을 투입하여 후세인을 사살했다. 만약 클린턴이라면 이런 방법을 썼을까? 클린턴은 웃으며 후세인이 파티를 즐기고 있는 수영장에 암살자를 투입했을 것이다. 부시는 후세인을 자신이 제거했다는 업적을 표면으로 드러내고 싶었을 것이다. 이 점은 상대를 적대적으로 보는 주도형인 부시의 방법이다. 반면 클린턴은 희생은 최소화하면서 목표는 아름답게 이뤄야 한다고 생각할 것이다. 이게 사교형 지도자와 주도형 지도자가 적을 제거하는 차이이다.

우선순위가 인간 중심이라는 점은 자신과 중요한 인간관계의 훼손을 최소화 한다는 의미도 있지만, 자신의 이미지가 보호되어야 한다는 점도 포함한다. 즉 자신이 타인에게 어떻게 보여지느냐가 매우 중요한 가치이다. 인간 중심에서 인간은 타인뿐 아니라 자기 자신도 그 우선순위에 포함된다.

‖ 3. 인간 중심인 사교형의 우선순위는 바로 자기 자신

사교형은 사람과 어울리는 것을 좋아하기 때문에 사람들에게서 에너지를 얻고 사람들에게 에너지를 빼앗긴다. 그리고 중심에 존재하고 싶어 한나. 즉, 다른 사람으로부터 칭찬을 받으면 바로 기분이 좋아지고 비난이나 비판을 받으면 바로 우울해 한다. 다른 사람에게 영향을 가장 많이 받는 유형이 사교형이다. 물론, 누구나 칭찬을 받으면 기분이 좋아지고, 비난을 들으면 기분이 안 좋다. 그러나 사교형은 이 변화의 폭과 비중이 크다는 뜻이다

사교형은 인정받는 자신의 이미지와 즐거움이 매우 중요하다. 그래서 일하는 과정 역시 자신의 즐거움이 충족되길 원한다. 일이 재미있기를 원한다. 그래서 일도 즐겁게 하려고 하고 노는 것도 즐겁게 하

려 한다. 웃으면서 일을 하기 때문에 다른 사람이 볼 때는 놀면서 일하고, 별로 힘도 안 들어 보인다. 그래서 본인은 열심히 일하지만, 주변 사람들에게 인정받기가 힘들다. 이러한 특성은 사교형이 과정을 즐기려는 강한 성향 때문이다. '즐기다'와 '재미'라는 단어는 사교형이 가장 많이 사용하고 추구하는 단어이다.

사교형의 정치인은 그 진심이 어떻든 크게 인정받기가 힘들다. 사람들은 재밌고 즐거운 것을 좋아하지만 자신을 이끌 리더에게는 자신에게 없는 다른 면모를 발견하고 싶어 한다. 자신과는 달리 진지하고, 고난을 신념으로 돌파하는 모습을 발견할 때 진정으로 존경심을 느끼고 비로소 인정해준다. 그러나 사교형은 이런 과정에 최소한의 에너지만을 투입하려고 함으로써 우아하게 겪어내려 한다. 그래서 그 진심과 상관없이 고난의 십자가를 진 리더로서의 감동을 전달하지 못하는 경우가 많다. 김영삼, 김무성, 박지원, 손학규, 오세훈, 정동영, 정운찬 등이 이에 해당된다. 사교형은 자아를 던지고 고난의 중심으로 뛰어들기엔 너무 현실적이고, 이상을 버리고 현실에 안주하기엔 낭만적인 사람들이다. 현실이 자신이 그려내는 본인의 이미지와 맞지 않는 딜레마를 지녔다. 이상과 현실의 경계에서 갈등하는 유형들이다.

우리는 삶에서 다양한 과제와 결정의 순간과 마주치게 된다. 그 과제와 결정의 순간에서 사교형은 자신을 던져서 문제 속으로 뛰어들지 못하거나 과제를 무시하지도 못한 채 결정을 미루며 고민한다. 이런 모습이 다른 사람에게는 우유부단해 보이고 결단력이 아쉬운 리더로 평가받게 된다.

‖ 4. 속전속결의 사교형

사교형은 내면 깊숙이 '자유로움'을 추구한다. 권한이 있는 건 좋은데, 책임을 져야 하고 일의 프로세스에 얽매이는 것은 싫어한다. 사소한 일의 책임에서 벗어나길 원한다. 일의 프로세스에서 단계를 밟아가는 것을 몹시 자유롭지 못한 상황으로 인식한다. 그래서 매뉴얼대로 하거나 거쳐야 하는 단계가 많은 일을 힘들어하는 경향이 있다. 많은 단계를 거쳐야 하는 일을 할 때 사교형은 최대한 빨리 그 일을 끝내고 싶어 한다. 일을 끝내면 자유로울 수 있기 때문이다. 사교형은 발달한 JQ를 이용해 일을 빨리 끝내기 위한 잔머리를 가동한다.

여기서 사교형의 독특한 업무 스타일의 예를 살펴보자. 사교형이 결재를 받아야 하는데 기존 방식은 손도 더 많이 가고 절차도 복잡해 보인다. 그럼 사교형은 간단히 할 수 있는, 나름 효율적이라고 할 수 있는 방법을 사용한다. 좋고 나쁘고를 떠나서 가장 빠르고 간단한 해결방법을 찾는 것이다. 그러다 보니 '제대로 했는가?'에 대해서는 자신 있게 말하기 어렵다. 만약 상급자가 꼼꼼하고 철저하게 확인하는 스타일이라면 바로 덜미를 잡힐 수 있다. 사교형 정치인은 자신이 원하는 것을 이루기 위해서 이념과 이념, 당과 당 사이의 경계가 모호한 자세를 취하는 경우가 빈번하다. 최소한의 에너지로 목표를 이루기를 원하기 때문에 합종연횡같이 상황을 유연하게 보고 기존의 경계를 허문다. 원칙과 약속보다는 상황 속에서 해결책을 찾는다.

이들이 문제를 해결하는 방법은 새롭게 당을 만들어 맨땅에서 시작하는 게 아니라 기존 당을 새로운 형태로 만든다. 최근 제 3지대라는 표현이 자주 들리는데 대표적인 사교형의 전략이다. 제 3지대는 신념의 결정체라기보다는 상황을 이용하려는 집합체로 볼 수 있다.

‖ 5. 자신의 힘이 환경보다 강하다고 믿는 사교형

사교형은 주도형과 마찬가지로 자신이 환경보다 강하다고 인식한다. 자신이 강하다는 인식은 세상을 긍정적으로 보는 시각과 커뮤니케이션 능력에서 기인한다. 원하는 목표를 달성하지 못하거나 사업이 잘 안되더라도 사교형의 긍정적 특성과 커뮤니케이션 능력은 여러 곳에서 기회를 만나게 해준다. 실패도 긍정적으로 생각하고 절망적인 상황에서도 회복력이 탁월해서 곧 다시 살아 돌아온다. 정계 은퇴를 선언해도 다시 나타나고 정치 인생이 끝나 보여도 언제 그랬냐는 듯이 밝고 명랑하게 되살아난다. 이런 행적이 반복되다 보면 어느새 볼품없는 정치낭인이 되어 그의 말과 행동에 누구도 별 의미를 두지 않는 경우가 발생하기도 한다.

‖ 6. 환경을 우호적으로 보는 사교형

환경을 적대적으로 보는 주도형과 달리 사교형은 자신을 둘러싼 환경을 우호적으로 본다. 이 특성은 사교형에게 긍정성이라는 강력한 무기를 제공한다. 사교형의 긍정성은 자신에게 닥칠 일이나 사람들이 자신에게 우호적일 것으로 보는 것이다. 그래서 일을 할 때도 "다 잘 될 거야."라는 마음으로 긍정적인 접근을 한다. 그러다 보니 사소한 규칙이나 룰은 과감히(?) 무시하는 실수를 저지르곤 한다.

또한 타인들도 자신처럼 호의적인 마음을 가질 것이라고 생각하고 스스럼없이 말문을 열곤 한다. 자신의 의견을 솔직하게 말하고 마음을 열면 상대방 또한 그럴 것이라고 생각한다. 그래서 말을 참지 못하고 솔직한 자신의 의견을 말해서 손해를 보는 일이 많다. 사교형은 사람을 좋아하고 재미를 추구하기 때문에 엔터테인먼트 산업, 서비스 산업, 판매, 영업 등 고객접점의 영역에서 가장 많이 발견할 수 있다.

사교형 지도자의 경우 다른 사람을 설득하고 대화에 참여시킴으로써 자신의 존재감을 보여준다. 주로 제 3자로서 다리역할이나 중재자의 역할을 맡는 경우가 많다. 우호적이고 개방적인 대화를 나눔으로써 관계를 개선하고 분위기를 좋게 만드는 재능이 있기 때문에 두루두루 적이 없다. 그러나 자기를 던지지 않기 때문에 팬도 없다. 자신의 생각을 숨기지 않고 시원시원하게 답변해주고 좋은 이미지를 주기 때문에 기자들에게는 인기가 있다. 서로 다른 의견을 가진 집단을 조율하고 중재하는 역할로서 지지를 받는다. 그러나 우리나라는 약간 권위적이고 힘을 쓰는 리더를 좋아하는 경향이 있어서 사교형 리더는 핵심적인 위치를 확보하는데 어려움이 따른다.

‖ 7. 7가지 요소로 정리한 사교형의 특성 [1]

1) 사교형이 추구(동기)하는 것은 무엇인가?

사교형은 자신이 어떤 사안에 대해 타인과 교제하고 대화하면서 자유로운 의견 교환을 통해 영향력을 가질 때 강한 동기부여를 받는다. 그 과정과 결과에서 자신의 역할을 인정받고 싶어 하는 강한 욕구를 가진다. 사회적으로 인정받는 것을 매우 중요한 가치로 생각하기 때문에 타인을 의식하며 이야기하고 행동하는 경우가 많다.

정치지도자의 경우 인정받고 싶어 하고 타인의 시각을 의식하는 것이 교섭과 타협의 정치인으로서의 모습을 보여서 장점이 될 수 있지만, 자기 신념에 대한 열렬함으로 타인에게 감동을 주고 자기편으로 만드는 뜨거움이 부족해서 강한 지지를 얻어내지 못하는 경우가 많다.

2) 두려움은 무엇인가?

사교형은 사회적 인정을 상실하는 것을 두려워한다. 특히 일이 잘못되어 비난 받는 상황을 두려워하기 때문에 책임이 따르는 중요 직책을 맡는 것을 피하려 한다. 이런 상황에서 비난을 받게 되면 사퇴 또는 결별을 선택하기 쉽다. 또한 사회적으로 인정을 받고 싶어 하는 욕구는 겉으로 보이는 의전을 매우 중요시하는 행동으로 표현된다. 자신에게 예의 바른 사람을 좋아하고 다른 사람에게도 예의 바르게 행동하는 편이다.

이런 이유 때문에 다른 사람과 갈등 상황이 발생하는 것을 피하고 싶어 한다. 갈등 상황에 대한 두려움 때문에 때로는 자기의 의견을 솔직하게 말하기보다 상대방의 의견에 동조하거나 그 상황을 회피하려 한다. 일을 할 때도 혼자 고립되는 상황을 피하고, 복잡하고 반복적인 일을 싫어한다.

3) 선호하는 환경은 무엇인가?

사교형은 사람과의 교제와 인기를 추구하고, 자신이 긍정적으로 인정받을 수 있는 환경에서 에너지가 올라간다. 또한 자유를 추구하는 특성으로 인해 신속하게 일을 처리한다. 사소함이 문제되지 않는 일을 할 경우, 창소석이고 다양성을 인정하는 환경에서 빛을 발한다.

4) 갈등과 스트레스 상황에서 어떻게 하는가?

긍정적인 분위기와 사람들에게 에너지를 받는 사교형은 이와 반대로 그룹의 분위기가 회의적이고 냉담해지면 스트레스를 받는다. 인간관계가 반목과 갈등 상황에 처해 있을 때 감정적으로 격해지기도 한다. 연락을 끊고 잠수를 타든지, 회피하며 중심 없이 말실수를 하는 등 비체계적인 행동을 보이는 경우가 있다.

5) 과도하게 사용할 때 나타나는 부작용은 무엇인가?

우선순위가 사람에 대한 관심으로 치우칠 경우 과업에 대한 집중력을 잃고 성과를 내기가 어렵다. 호기심이 다양하고 충동적인 경우가 많아서 이런 행동 이후 후회하는 경우도 많다. 충동적인 행동은 겉으로 보기에 일관성이 없는 것처럼 보여서 중요 직책을 맡을 만큼의 신뢰를 얻기가 어렵다.

6) 의사소통의 특징은 무엇인가?

커뮤니케이션 능력은 사교형이 가진 탁월한 역량이다. 대화할 때 상당히 열정적인 모습을 보이고, 적극적으로 듣고 말할 때도 자유롭고 사교적이며 개방된 의견을 나눈다. 이런 특징 때문에 다른 유형에 비해서 상대방에 대한 설득력이 좋으며, 반대로 상대에 의해 설득도 잘 되는 편이다. 한마디로 대화와 토론을 즐긴다. 주도형이 무엇What에 대해 이야기하는 것을 중요시한다면, 사교형은 누구Who와 이야기하고 누구에 대해 이야기하느냐가 중요하다. 그러나 사교형도 주도형처럼 환경보다 자신이 강하다고 생각하기 때문에 대화 상황을 자신이 통제하려는 경향이 있다. 사교형은 대화를 할 때 사람들이 말하도록 돕는다. 그래서 민주적인 형태의 의사결정방식이나 커뮤니케이션 방식을 추구한다. 왜냐하면 민주적인 형태는 자신의 이미지나 분위기를 손상시키지 않고도 우아하게 사람들의 의견을 들을 수 있기 때문이다. 그러나 사교형은 다른 사람의 의견을 충분히 듣기만 하고 결론은 자신의 의견으로 진행한다. "자~ 여러분의 의견을 다 들었으니, 제 의견대로 할게요!" 즉, 형태는 민주적인 틀을 갖지만, 결국은 자신의 의견에 동조하도록 설득한다.

7) 효과 증진책은 무엇인가?

사람에 대한 우선순위가 높다 보니 약속을 남발하고 지키지 못하는 경우가 종종 생긴다. 또한 마감시한을 넘긴다든지 구비서류의 세부적인 사항을 놓치거나 간과하는 경우가 많다. 일을 체계적으로 하기 위한 계획표를 만들고, 약속을 중히 여기고 지키기 위한 철저한 일정 관리를 필요로 한다. 사람을 평가할 때 자기가 선호하는 사람과 그렇지 않은 사람에 대해 감정적이거나 비현실적인 기대를 가지는 경우가 있다. 따라서 사교형은 충동적인 자신의 성향을 경계하고 타인의 반응이나 비판에 대해 감정적으로 대응하지 않도록 노력하는 것이 좋다.

2
사교형의 리더십과 정직성

사교형은 주도형과 달리 타인에 대해 친절하고 사교적이다. 사교형은 외부 세계에 대해 호기심이 많고 도전해야 할 대상으로 보기 때문에 개방적이다. 또한 자기가 외부 세계보다 더 힘이 세다고 인식하지만, 세계가 적대적이지 않고 우호적이라고 인식하는 점이 주도형과 다르다.

이러한 사교형의 특성을 정직성과 연결해서 따져보겠다. 사교형 역시 정직성이 높은 사람들보다 낮은 정직성을 가진 사람의 캐릭터가 더 재미있고 자극적인 맛이 있다. 그렇기 때문에 여기서도 그 특성을 분명히 하고 경계하는 의미에서 낮은 정직성과 사교형을 결합해서 본다는 것을 기억해주길 바란다.

‖ 1. 낮은 정직성의 사교형은?

앞서 이야기한 것처럼 사교형은 매력적이고 다른 사람에게 영향을 줌으로써 성과를 내는 유형이다. 그러나 정직성이 낮을 경우 우리 삶에 해악을 끼치는 유형으로 등장한다.

낮은 정직성과 사교형의 외향적 특성이 만나면 다른 사람에게 주목받는 걸 즐긴다. 나르시시스트적인 성향[2]을 나타내며 다른 사람에게 영향력을 행사해 이용하고 조종하려 한다. 주도형의 경우 힘과 권력의 형태로 직접적인 물리력을 사용하지만, 사교형은 관계를 이용해 집단따돌림을 시키거나 루머를 퍼트리고 이간질시키는 방법 등을 사용한다.

이들은 다양한 방법을 활용해 임기응변적으로 문제를 해결하는 것에 익숙하다. 사교형에게 교묘한 술수는 자연스러운 현상이다. 앞에서도 언급한 것처럼 소위 '잔머리'가 발달한 결과이다. 그러나 사교형이 가진 솔직함 때문에 이들의 권모술수는 그 속이 뻔히 보이는 경우가 많고, 금방 그 수가 들통 나는 경우가 많다.

정직성이 낮은 사교형은 자신이 원하는 것을 위해 수시로 신념을 변화시키기도 한다. 이들에게 신념과 원칙이란 오직 자신의 이익에 부합할 때만 의미가 있기 때문에, 이들의 주장을 믿고 따라가다 보면 어느새 다른 주장을 하는 사교형을 볼 수가 있다. 그래서 결과적으로 신뢰를 얻기 힘들다. 정직성이 낮은 사교형인데도 사람들이 따르는 경우는 그 사람이 많은 재산을 가지고 있거나 자원이 많은 경우이다.

사교형은 금전적인 이익보다는 사회적 지위와 명예, 인정을 더 중요하게 생각하기 때문에 정직성이 낮은 사교형은 인기를 얻기 위해서 이 자원을 나눠주거나 그럴 용의가 있음을 내비쳐서 호감을 사고 사람을 모은다. 이렇게 얻어진 세력과 권한을 더 높은 지위와 명예, 사람을 움직일 수 있는 권한을 위해서 사용한다.

사교형의 열정적인 면이 낮은 정직성과 만났을 때 사회적으로 대담해지기도 하고 지위가 높은 사람과의 관계를 떠벌려서 자신의 힘으로 사용한다. 이런 식으로 얻어진 권력을 사용할 때 법과 규칙을 교묘하게 이용하여 자기 이익에 유리하게 사용한다. 별로 관심이 없으면서도 타인의 복지를 염려하는 것처럼 보이는 것을 좋아한다.

이런 성격을 가진 사람은 무언가를 이루거나 가지면 자랑하지 않고는 못 견딘다. 자신의 우월성을 증명할 수 있는 재능, 학벌, 업적, 집안의 배경 등을 떠벌리고 다닌다. 주로 대화할 때 기회를 잡아서 반드시 이런 우월성을 드러내려고 한다. 대화뿐만 아니라 성적으로도 대담하고 성적 매력을 드러내어 이익을 취하려 한다. 자신이 원하는 것을 위해서 다른 사람을 조종하고 자신의 신체적, 사회적 카리스마를 이용한다.[3]

정직성이 낮은 사교형은 비교적 원만하고 좋은 게 좋은 것이라는 관점이어서 어울리기에 그리 까다롭지 않다. 표면적인 갈등을 피하면서 자신의 욕심을 채우기 위해서 조용히 음모를 꾸미기도 한다. 이들은 무엇이든 협상의 대상이 된다고 생각하고 그런 상황에서 원칙이나 기준을 접는 것을 과감한 선택이라고 생각한다.

이들은 배반을 당했을 때 정직성이 낮은 주도형처럼 복수에 집착하지는 않는다. 자신에게 유리하다면 그냥 잊을 수도 있는 유연함을 보인다. 이들은 남들이 자기를 이용해도 그다지 분노하지 않는다. 자기를 어떻게 이용하는지 두고 보다가 추후 자신이 어떻게 이 상황을 이용할지를 생각한다.

정직성이 낮은 사교형은 법과 규칙을 교묘히 이용하기도 하고 사내의 비품이나 재산을 개인적으로 사용하기도 한다. 지각을 자주하고 땡땡이치는 것에 별로 양심의 가책을 느끼지도 않는다. 그리고 이러한 행위를 자랑스럽게 이야기하기도 한다. 이들은 이야기할 때 어려운 단어를 섞어 쓰면서 자신이 얼마나 지적이고 교양이 있는지를 보여주고 싶어 한다. 특히 그 단어가 유행할 때는 그 말이 맥락적으로 맞지 않아도 사용한다.

낮은 정직성이 사교형의 개방적인 특성과 만나면 반항아 행세를 하기도 하고 관습에 얽매이지 않는 모습을 보여준다. 그래서 이들은 가끔 튀는 행동이나 예상 밖의 모습을 보여주기도 한다. 양심이나 도덕은 이들의 자유를 가로막는 울타리라고 생각하고 그 울타리를 넘어서는데 주저하지 않는다. 그리고 다른 사람의 법적, 도덕적 일탈에도 관대한 편이다. 이러한 특성은 자기만족을 위해서 양심과 도덕을 결여한 모습을 보여주기도 하고, 이런 반항적 매력에 끌려오는 추종자들의 환호를 즐기기 위해 더 대담해지기도 한다.[4]

‖ 2. 높은 정직성을 가진 사교형

높은 정직성을 가진 사교형은 '원하는 것을 위해 환경과 사람에게 영향을 주는 유형'이다. 이때 높은 정직성은 자신의 이익을 위해 다른 사람에게 위해를 가하거나 조종하지 않는다. 사람에게 관심이 많기 때문에 진심으로 타인의 복지도 고려한다. 정직성이 높으면서 사회적 친화성과 카리스마까지 갖췄다면 진실함과 다정함이 느껴지는 지도력을 보여주고 사람들에게 오랫동안 많은 인기를 누릴 수 있다.

사교형 자체가 솔직하고 개방적인 성격을 갖기 때문에 정직성이 높은 경우 국정 운영을 투명하게 하고, 비판에 대해서도 솔직하게 해명하고 조율할 것이다. 이들은 인간은 누구나 실수할 수 있다고 생각하고 유연한 사고를 갖고 있기 때문에 어떤 상대와도 협상 테이블에 앉을 수 있다. 상대의 지위나 재물을 고려하지 않고 인간에 대한 존중을 기반으로 권한을 행사한다. 국정 운영도 시스템에 고착되기보다는 민의를 중시하여 반영하고 관례를 따르기보다는 본질적인 국민들의 행복과 이익을 중시하여 의사결정을 한다.

사교형은 주로 대화와 협상을 통해 합의에 이르는 민주적인 시스템을 좋아한다. 그 시스템에서 사용되는 자신의 커뮤니케이션 능력이 탁월하기 때문이다. 정직성이 높은 사교형은 이런 협상 과정에서 정보를 공개하고 여러 사람의 이해관계가 참여적으로 이루어질 수 있는 환경을 만들 것이다. 만약 국가적 재난이 일어난다면 사교형의 개방적 경향은 그 재난의 원인이 자신의 조직이나 자신에게 있더라도 과감히 파헤쳐서 원인을 밝히고 재발하지 않도록 모든 과정을 소상히 보여주면서 진심으로 사과할 것이다.

사교형 역시 장점과 단점을 고루 지닌 유형이다. 일반인이라면 자신의 이익을 위해 여러 교묘한 잔꾀를 쓰는 게 어느 정도 인간지사이겠지만, 한 나라의 지도자가 낮은 정직성을 가지고 있다면 심각한 문제를 야기한다. 자신의 인기와 명성 또는 치적을 위해서 국가의 부를 사용하고 그것을 또 교묘히 위장하는 식으로 나타날 수 있다. 그 결과는 단순히 몇 사람이나 가정에 국한된 해악이 아니라 국민 전체에 해악을 미칠 수 있다. 이런 이유로 우리는 DISC와 정직성을 함께 고려할 필요가 있다.

3
사교형 지도자와 정직성 변수 : 김무성

김무성은 182㎝의 큰 키와 듬직한 인상으로 여권의 큰형님으로 불려왔다. 그의 표정은 근엄한 듯 보이지만 언제든 크게 웃을 수 있는 웃음기가 머물러있다. 자신은 무섭고 무게감 있는 큰형님 같은 주도형의 모습을 추구하는 듯하지만, 조금만 눈여겨보면 그의 행동유형은 사교형이라는 것을 알 수 있다.

‖ 1. 사교형의 에피소드

1) 인간관계를 중시하고 여야에 경계를 두지 않는 광폭행보와 유연함

사교형은 인간관계를 통해서 문제를 해결하려는 경향을 보인다.

주변 사람들은 김무성의 인간관계에 대해 한결같이 '의리'와 '섬세함' 같은 단어로 표현한다. 우리나라에서 '의리 있다'는 표현은 자신의 이익을 챙기느라 배신하지 않고, 다른 사람을 귀히 여긴다는 뜻이다. 김무성은 정치 현장의 문제를 풀어갈 때 인간관계를 중요한 수단이자 힘으로 보기 때문에 현실적인 이익보다 인간관계에서 명분을 잃지 않는 선택을 하는 것으로 보인다. 실리보다 사람들에 대한 명분을 챙기다보니 사람들에게 인기가 있고 추앙하는 이들도 적지 않다.

그가 2013년 국회의원으로 다시 돌아왔을 당시 김재원 새누리당 의원은 그를 애니메이션 〈라이언 킹〉의 주인공인 '심바'에 비유했다. 우두머리 사자인 무파사가 떠난 후 침체되었던 정글에 무파사의 아들 심바가 돌아와 다시 생명력과 활기를 불어넣은 것처럼, 김무성이 당에 돌아와 리더십이 복원되고 당에도 신선한 에너지가 생기고 있다는 표현이다.[5] 사교형은 세상을 긍정적으로 보고 개방적이다. 상대방에 대해서도 우호적인 시각으로 접근한다. 그만큼 자신감이 있다는 표현이다. 김무성은 여당과 야당을 가리지 않고 넘나드는 유연함과 광폭 행보를 자주 보여준다. 이렇게 경계를 두지 않는 그의 인맥과 소통하는 모습은 '통 큰 정치'라는 타이틀로 브랜드화 되었다.

카리스마와 포용력을 의미하는 '무성대장'이라는 이미지를 가진 정치인답게 그는 2015년 광주에서 열린 5.18민주화운동 기념식 전야제에 참석해서 〈임을 위한 행진곡〉을 부르는가 하면, 여당 대표로는 드물게 고 노무현 전 대통령 서거 6주년 행사에 참석하기도 했다. 이

과정에서 물세례를 맞고 보수층으로부터 비판도 받았지만 국민들에게 '통 큰 정치인'이라는 이미지를 보여주었다.[6]

사교형은 사람들 사이의 반응에 관심이 많고 인기에 민감하다. 그래서 청중의 반응에 신경 쓰고 이미지 관리를 매우 중시한다. 김무성은 '큰형님', '무대(무성대장)', '통 큰 정치'라는 이미지를 갖길 원하는 것처럼 보인다. 이런 이미지를 위해서 유머러스한 발언도 잘하고 참석자의 환호에 관심이 많다. 국민들이 보고 싶은 모습이 어떤 모습인지를 알고 행동하는 리액션이 좋은 정치인이라고 볼 수 있다. 그래서 인지 그에 대한 평은 여야를 가리지 않고 호의적이다.[7]

2) 세상을 우호적으로 보기 때문에 솔직하고 긍정적이며 개방적이다

여야를 가리지 않는 광폭행보를 할 수 있는 것도, 야당 의원들에게도 소주 한잔하자고 말을 던지는 것도 자신감의 발로이다. 사교형은 자신을 세상보다 강하다고 생각하기 때문에 불리한 상황에서도 여유 있고 당당하게 대처한다. 우리나라에서 마약과 관련되면 정치인생 끝장이라는 말이 나올 정도로 최악의 상황이 된다. 김무성의 사위가 마약 혐의로 조사를 받을 때도 그는 이화여자대학교 강연에서 스스로 사위의 마약 의혹에 대해 솔직하게 이야기하면서 국면을 전환시켰다.[8]

솔직함과 긍정성은 다른 유형과 비교되는 사교형의 가장 큰 특징 중 하나이다. 그는 약점으로 보일 수 있는 자신의 성격에 대해 표현하는데 스스럼이 없다.

"저는 섬세하고 치밀하고 그래요. 숨기는 거 못하고, 거짓말도 못해요. 사업할 때 사기도 많이 당했어요. 친구들이나 주위 사람들이 와서 그럴 듯하게 이야기하면 속아서 돈 주고 그랬어요."[9]

사교형의 섬세함과 치밀함은 신중형의 1/10의 수준 정도 된다. 스스로 치밀함과 섬세함이 약하기 때문에 강조하는 것이다. 자신의 판단에 자신감이 있고 큰 바운더리에서 긍정적으로 생각하기 때문에 디테일이 약해 사기를 당하는 것이다. 한 인사가 김무성의 약점에 대해 '디테일이 약하다'는 평을 한 것은 우연이 아니다.[10]

사교형이 세상을 우호적으로 보는 자신감은 긍정성에 기초한다. 그는 공천에서 연거푸 물을 먹었어도 다시 일어났다. 패배가 있고 낙천도 했지만 긍정적이고 낙천적인 성격 덕에 회복력도 빠르고 조급해하지 않는다. 2012년 총선에서 낙천하고도 그해 7월 낙천 낙선자들과 미국 배낭여행을 다녀왔다. 정치적으로 상처를 입었어도 그는 낙천성을 잃지 않고 여유 있게 주변 인사들을 위로했다.[11]

대선 후보로서 김무성의 지지율은 여간해서 오르지 않았다. 민생투어를 하던 시점의 지지율이 5% 내외로 거의 하위 수준이었다. 그럼에도 그는 느긋하고 여유가 있었다. "우리 대선 시계로는 아직 시간이 많이 남았다."[12] 지지율은 언제든 다시 오를 수 있다는 긍정성과 자신감이 엿보인다.

최순실 게이트 논란이 탄핵정국으로 이어졌던 2016년 11월, 그는 대선 불출마 선언을 했다. 그의 불출마가 그리 충격적이지 않은 것은 저조한 지지율도 있지만 언제든 상황은 변하고 재기할 수 있다는 그의 긍정성이 깔려 있는 것으로 보이기 때문이다. 그의 유연함과 탄력성은 그가 여간해서 사라지지 않을 보수 세력의 지도자로 존재하리라는 것을 보여준다. 또 그의 대선 불출마 선언은 개헌과 내각제를 염두에 둔 복선이라는 해석이 파다하다. 이 점은 권모술수 부분에서 자세히 이야기하겠다.

3) 권모술수와 이미지 정치

사교형은 상황에 대해서는 긍정적으로 보고 상대 파트너는 호의적으로 본다. 정치인으로서 상대방을 우호적으로 인식하는 것은 정치적 해결 수단을 힘이나 법과 같은 강제적 수단보다 협상이나 타협처럼 소프트파워를 사용한다는 것을 의미한다. 그래서 사교형에게 인맥은 수단이자 무기가 된다. 사람 관리는 사교형에게는 매우 중요한 자원이다. 김무성은 법과 원칙을 내세우기보다 평소 인맥 관리를 통해서 세를 모으거나 상대편을 만나서 설득하는 식으로 문제를 해결하는 것을 자주 볼 수 있다.

자신이 무슨 수를 내어서 일을 해결하는 것처럼 보이지만 다른 사람은 그 수가 다 들여다보이는 잔머리인 경우가 많다. 김무성의 이런 우회적인 문제 해결방식은 사교형이 쓰는 잔꾀 전형이다. 김무성의 권모술수에 해당하는 상황을 문제 해결방식과 이미지 전략으로 나눠보자.

김무성이 새누리당 당대표 시절 스마트폰 메모가 기자의 카메라에 잡힌 적이 있었다. "문건 유출 파동 배후는 K. Y. 내가 꼭 밝힌다."라는 메모였다. 정윤회 문건 파동 때 청와대 행정관 등이 모인 술자리에서 문건 유출의 배후로 김무성, 유승민이 지목된 것을 메모해둔 것이다. 당시 이 메모는 기자가 우연히 발견한 것이라기보다 기자가 발견할 것을 알고 일부러 노출시켰다는 해석이 다분했다.[13] 지금 돌이켜보면 당시 정윤회 문건 파동은 지금의 박근혜 · 최순실 국정농단의 실마리가 될 사건이었다. 김무성은 이런 메모를 노출해 검찰수사가 미흡했다는 것을 밝히려는 시도로 박근혜에게 압력을 가하려는 의도로 보인다.

김무성의 또 한 번의 수첩 파동은 박근혜 퇴진 시점과 관련된 추미애 민주당 대표와의 조찬 회동 때였다. 박근혜의 퇴진을 4월 말로 하려는 김무성과 1월 말까지 이루어져야 한다는 추미애의 입장 차만 확인하고 결렬되었다. 회담을 마치고 나오는 김무성의 손에는 회담 내용이 한눈에도 알아볼 수 있도록 적혀 있는 메모지가 있었다. "탄핵 합의, 총리 추천, 국정 공백, 형사(X)…." 긴급한 탄핵정국의 시기에 민감한 단어들이 적혀 있는 메모지는 의도가 분명한 노출로 보였다.

김무성은 회담의 메모가 언론에 공개됨으로써 탄핵에 대한 자신의 말 바꿈에 대한 비난과 언론의 초점을 추미애의 서투른 행보 탓으로 돌리는 효과를 거둘 수 있었다.

김무성은 이미지 설정에 능하다는 평을 듣는다. 정치권 기자들은 그를 '정치를 극적으로 하는 스타일'이라고 말한다. 그의 드라마 정치를 언급한 재미있는 기사가 있다.

"참모들이 이야기하면 눈을 딱 감고 듣다가 혼자 판단해서 전격 발표하는 식이다. 모두들 '오른쪽으로 갈 것이다'라고 예상할 때 입을 딱 다물고 있다가 결정적일 때 '왼쪽으로 간다'고 말하곤 했다. 19대 총선에서 공천을 받지 못했을 때 모두들 탈당을 예상했지만 김무성은 '백의종군하겠다.'고 선언했다."[14]

이 기사는 사교형의 행동 스타일을 잘 보여준다. 사교형은 무리들 중의 하나가 아니라 무리들 중 뛰어난 한 사람으로 보이고 싶어 한다. 그래서 일반적인 상식에서 벗어난 돌출행동을 한다. 들어오고 나감에 있어서 극적인 스타일을 추구한다. 이것은 사교형이 자신의 삶을 한편의 드라마로 만들고 싶어 하는 경향을 보여준다. 김무성이 박근혜의 대통령 당선 직후 "내 할 일은 다했다."라는 메모를 책상 위에 놓고 사라진 것도 이런 맥락이다.

4) 압력을 받으면 회피하거나 굴복한다

사교형은 스트레스를 받거나 압력을 받으면 처음엔 저항한다. 그러나 그 강도가 강해지고 시간이 길어지면 회피하거나 동조한다. 김무성의 '30시간 법칙'은 이런 사교형의 스트레스 전략을 단적으로 표현해준 말이다. 30시간 법칙은 김무성이 어떤 말을 해놓고 상황에 따라 30시간을 채 버티지 못하는 것을 의미한다.

2014년 상해에서 그가 "정기국회 이후 개헌 논의가 봇물 터질 텐데 막을 길이 없을 것."이라고 말한 것에 대해 청와대가 불쾌한 기색을 내비치자 그는 하루 만에 "제가 예의가 없었다. 죄송하다는 말씀을 드린다. 정기국회가 끝날 때까지는 개헌 논의는 없어야 한다."라고 말을 바꾸었다.

2016년 옥새 파동은 한국 정치사에 매우 드라마틱한 장면으로 남을 것이다. 그가 공천에 이른바 진박 내리꽂기를 거부하고 대표 직인을 찍지 않겠다며 부산으로 내려가 버린 사건이다. 후보 등록 마감까지 27시간을 버티면 5곳이 무 공천 지역이 되는 것이다. 이에 박근혜가 항명이라며 격노하자 25시간 만에 상경했다. 유승민, 이재오의 지역구만 무 공천 지역으로 하는 것에 타협했다.

2016년 11월 24일 대선 출마 포기 선언을 한 기자회견에서 그는 이렇게 말했다. "제 정치 인생의 마지막 꿈이었던 대선 출마의 꿈을 접겠다. 헌법을 위반한 대통령은 탄핵을 받아야 한다." 그러나 다음 날 친박에서 대통령이 4월 퇴진 제안을 당론으로 받을 것이라는 말이

돌자 "4월 말 대통령 퇴임이 결정되면 굳이 탄핵으로 갈 필요 없다." 라고 말을 바꾸었다.[15]

‖ 2. 정직성에 관한 에피소드

이 책을 쓰면서 보수와 진보 진영을 염두에 두지 말고 오직 그 인물만을 생각하기로 원칙을 정했었다. 철저히 사실만으로 분석하자는 원칙도 있었다. 그러나 김무성의 정직성에 높은 점수를 주기는 어려울 것 같다. 김무성의 정직성을 조사해보면 제일 많이 나오는 헤드라인은 '김무성의 거짓말'이다.

1) 자기가 한 말 부정하기

사교형은 자신의 생각을 말로 표현하기를 좋아하고 말로써 존재감을 드러내고 싶어 한다. 그래서 말실수도 많다. 그런데 김무성은 말실수라고 끝내기에는 그 빈도가 잦다. 당직자 시절에도 금방 들통날 거짓말을 한 경우가 여러 차례 있었다고 한다. 2011년 1월, 당시 대통령이었던 이명박과 개헌 논의에 관한 회동이 있었느냐는 기자의 질문에 "그런 일 없다."고 답했으나 곧 회동이 사실로 드러났다. 그는 "참석자끼리 말을 안 하기로 해 약속을 지킨 것이다. 어쩔 수 없이 거짓말을 하게 돼 죄송하다."고 했다. 이 자리에서 개헌 논의가 있었느냐는 질문에 "전혀 없었다. 이건 정말 거짓말이 아니다."라고 대답했지만, 곧 개헌 논의는 사실로 드러났다. 그는 "대통령이 평소 하던 얘

기여서 기억을 못했다."고 번복했다.[16] 또 그는 2016년 11월 JTBC 〈뉴스룸〉에 출연해서 대통령 선거와 총선에 불출마한다고 말했다. 그러나 손석희가 "내각제가 되면 어떻게 하겠느냐?"고 물으니 바로 총선 불출마는 다시 재고해야 한다고 말했다.[17] 이와 같이 사소한 거짓말과 말 바꾸기 사례가 자주 드러나면서 '양치기 소년도 울고 갈 김무성'이라는 기사 제목이 생기기도 했다.

2016년 11월 박근혜의 탄핵에 가속도가 붙었을 때 야당 의원수만으로는 탄핵 가결 정족수를 채우기 힘든 상황에서 김무성은 비박계와 함께 탄핵에 찬성하며 키를 거머쥐었다. 그러나 박근혜가 국민대담화를 통해 국회가 협의해서 진퇴 일정을 알려달라고 하자 4월 퇴진을 한다면 탄핵을 할 필요는 없다는 식으로 입장을 번복했다. 그러나 수많은 시민들이 참여한 촛불시위를 보고 여론의 엄중함을 느낀 김무성과 비박계는 다시 탄핵 찬성으로 돌아오는 모습을 보이기도 했다.

2) 약자를 어떻게 대하는가?

김무성의 마음이 힘없고 무력한 약자에게 있는지 다른 곳에 있는지를 알 수 있는 2가지 사례를 살펴보겠다.

첫 번째는 세월호 사건이다. 김무성은 세월호 사건이 일어난 세 달 후 새누리당의 당대표로 선출되었다. 여당 당대표의 강력한 권한을 이용해 세월호 특별법에 기소권과 수사권을 포함하지 않도록 온 힘을 다해 저지했다. 결국 조사권만 가진 무력한 특별법이 제정되었다. 그리고 그는 "국회가 세월호에 묶여 있는 동안 경제활성화의 새싹이 시들 수 있다.", "배후 조종 세력들이 유가족에게 잘못된 논리를 입력시킨다."라며 경제와 배후 세력이라는 말로 세월호 진상조사를 가로막았다. 그는 세월호 유가족이 특별법 제정에 도움을 달라며 김무성의 차 앞까지 가서 무릎을 꿇고 애원하는 모습을 보고도 무시한 채 서둘러 자리를 떠났다. 그가 당시 정치인으로서 경제와 국가 전체를 바라보는 균형감각을 가지고 그러한 말과 행동을 했을 수도 있다. 그러나 당시 세월호 유가족은 철저한 약자였다. 김무성에게서 자식의 죽음을 눈앞에서 지켜봐야 했고 국가의 어이없고 이유도 알 수 없는 대처와 진상 규명조차 가로막힌 상태의 유가족을 배려한 모습은 찾아볼 수 없었다. 그런 그가 대권 행보의 일환으로 팽목항을 민생투어 첫 방문지로 찾았을 때, 세월호를 대권놀음의 소재로 이용하려한다며, 세월호 유가족에게 먼저 사과해야 한다는 비난을 받았다.[18]

두 번째 사례는 김무성이 국회 정론관에서 법원의 판결에 따라 콜트악기 노조에게 사과한 일이다. 강경 노조 때문에 폐업했다는 김무성의 주장에 노조는 생산기지 국외 이전 등의 복합적 원인이 작용한 것이라는 대법원 판결을 인용해 김무성에게 3,000만 원을 배상하라며 손해배상 청구소송을 냈다. 법원은 김무성이 노조에게 공개 사과해야 한다고 강제조정 결정을 내렸다.[19] 그가 노조에게 사과를 하기는 했지만 평소 약자인 노조를 어떻게 생각하는지를 알 수 있는 사건이었다.

4
사교형 지도자와 정직성 변수 : 김부겸

둥글고 사람 좋아 보이는 웃는 얼굴, 열정적인 목소리, 풍부한 감정 표현 등이 김부겸의 외적인 특징이다. 가슴 속 가득 열정을 품고 그 뜨거움을 어떻게 내놓아야 할 줄도 아는 유형이다. 사교형의 가장 큰 약점인 마무리가 약한 점을 오랜 자기 단련 끝에 완성시킨 인물이다. 김부겸을 통해서 정치인이 사교형일 때 어떤 면모를 보이는지 살펴보자.

‖ 1. 사교형의 에피소드

1) 사람 사이의 문제는 옳고 그름이 아니라 이해와 연민으로 푼다

김부겸은 사람 속에서 문제 해결의 열쇠를 찾는다. 법과 원칙도 중요하지만 서로의 앙금을 털어내고 감정을 풀어야 문제가 해결된다고 본다. 박근혜의 남동생인 박지만이 결혼할 당시, 열린우리당에서는 오직 김부겸만이 참석해서 축하를 해주었다.

"상생과 타협의 정치를 위해서는 장관급 인사 1명 정도 보내서 축하인사를 하는 것입니다. 그래야 다음 만남이 달라지고…. 상대를 이길 생각만 하고 함께 살 생각을 못하면 정치가 아닙니다. 정치판도 사람 사는 곳입니다. 결혼, 조문, 이게 최고의 기회입니다. 그 과정에서 흉금을 터놓을 수 있고 오해도 풀 수 있습니다. 축하와 위로를 전하고 감사의 마음을 답하면서 자연스럽게 다음 만남을 약속하고, 이러면서 상대와 수를 나누는 것입니다."[20]

사교형은 서로 패를 나누어서 반목할 때 누가 옳고 잘못했느냐를 따지는 것은 문제해결에 도움이 안 된다고 생각한다. 그 상황을 살아야 했던 인간적인 시선으로 이해해야 한다는 것이다. 사교형은 사건이나 상황에서 사람을 먼저 바라본다. 김부겸은 한국 근대사의 비극적 스토리 때문에 진영을 나눠 서로를 비난하는 정치 상황에 대해서 "본인의 선택이 아닌 환경의 폭풍우에 갇혀 생과 사를 오갔던 많은 사람들의 문제에 대해서 공감Sympathy과 애정이 너무 없다는 겁니다."[21] 고 이야기한다. 북한 문제에 대해서도 "북한 국민들의 마음에, 급할 때 도와주는 사람은 남조선밖에 없다는 사실을 남겨줘야 한다."[22]고 말한다. 그래야 서로 마음을 열고 길을 찾을 수 있다는 것이다.

상대의 감정을 고려하는 그는 자신의 감정에 대해서도 솔직하게 표현하는 편이다. 팟캐스트 〈김어준의 파파이스〉에 초대되었을 때 흥분했다고 말하기도 하고, 상대방에게 화가 나는지 마음에 드는지가 목소리에 드러나기도 한다. 안타깝다는 표현도 자주 쓴다. 자신의 감정에 솔직한 만큼 타인의 감정을 이해하고 공감할 수 있는 능력을 가진 지도자로 판단된다.

옳고 그름의 잣대로 상대를 보는 사람들에게는, 너무 유하고 모진 면이 없다고 생각돼서 비판받기 쉽다. 하지만 이 점은 사교형의 우선순위가 사람이기 때문이다. 문제를 해결하기 위해서는 사람을 만나야 하고 감정을 터놓고 이야기하고 양보도 해야 타협도 이뤄진다고 본다. 그가 말하는 타협과 상생의 정치는 이런 사교형의 특성을 배경으로 하고 있다.

2) 상대를 우호적으로 보고 문제 해결은 대화와 타협으로 유연하게

앞서 사교형은 효율성을 추구한다고 이야기한 바 있다. 가장 적은 피를 흘리고 전쟁에서 이기는 방법을 선택한다. 그것은 바로 대화와 타협이다. 사교형은 다른 모든 유형에 비해서 커뮤니케이션 능력이 발달해 있다. 이는 대화를 잘한다는 의미보다 대화를 주요 문제 해결 방법으로 사용한다는 것이 더 맞는 표현이다. 대화를 문제 해결 방법으로 생각한다는 것은 상대방을 대화가 가능한 상대로 본다는 것이다. 서로 이야기하면 실마리를 찾을 수 있다는 희망을 담고 있다.

"과연 피 흘리는 혁명을 선택해야 할까요? 어렵지만 타협과 공존의 길을 찾아야 합니다. 그렇지 않고는 풀리지 않습니다."[23]

그는 가장 영향을 많이 받은 정치인으로 넬슨 만델라를 꼽았다. 김부겸은 넬슨 만델라가 보여준 상생과 공존의 정책으로 남아프리카가 인종 차별을 극복한 사례를 우리나라의 이념적 갈등과 지역주의를 극복할 수 있는 방법으로 보았다.

"넬슨 만델라가 왜 참혹한 70년의 고통과 죽음의 역사에도 불구하고 공존 정책을 펼쳤겠는가? 그들의 경험과 역사는 우리보다 훨씬 처절합니다. 백인이 흑인을 때리고, 죽이고, 강간하고 그것을 70년이 넘도록 계속했습니다. 내 부모를 죽인 원수, 내 누이를 강간한 원수가 눈에 훤히 보이는데도 용서와 화해를 시도합니다. 논리적으로 치유되지 못하는 과거로부터의 굴곡과 틈은 특별한 결단을 통해 메울 수밖에 없습니다. 저 사람은 친일파 후예였고, 저 사람은 한국전쟁 때 저쪽이었지? 저 사람은 독재정권 때 뭐였지? 이런 식으로 영자 빼고 순자 빼고 다 쳐내면 누가 남겠습니까? 모든 것이 깨끗하게 정리되는 그런 역사는 없습니다."[24]

상대의 잘잘못을 따지고 비난하기를 멈추고 용서와 화해를 시도하고 대화로써 문제를 해결하자는 말이 우리나라에서는 자칫 '좋은 게 좋은 것'처럼 보여서 원칙 없는 '타협주의자'라고 비판받기도 한다. 그러나 김부겸의 삶에서 실제 무언가를 성취하거나 결과를 얻었던 때는 모두 상대방과의 협력에 의해서였기 때문에 그에게 해결책은 상대와 손을 잡는 것이다.

"얼굴 맞대고 살아야 하니까 누가 누구를 영원히 지배하거나 완전히 없앨 수는 없습니다. 전부는 아니지만 과거의 경험이 현재의 인식을 결정하는 경우가 많습니다. 공무를 담당했거나 현장에서 기업경영을 했던 경험이 있거나 공적 영역에서 책임이 많았던 사람들은 나의 의견에 대체로 동의해주십니다. 쓸 수 있는 수단이 그다지 많지 않음을 알고 있기 때문입니다."[25]

그는 기득권을 가진 상대방에게 무언가를 얻어내기 위해서는 유연해야 한다고 생각한다. 완전하지 않지만, 꼭꼭 닫힌 상대방의 마음을 느슨하게 열 수 있다면 타협도 선택할 수 있어야 한다. 유연함과 융통성은 사교형의 가장 큰 장점이기도 하다.

"현실에 안주하고 고정된 틀을 고집하겠다는 것이 아니라 개입하고 변화시키되, 완전하지는 않지만 주어진 조건들 속에서 문제를 풀어야 한다는 겁니다. 원리주의자, 명분론자들과 계속 부딪히는 것은 나의 운명입니다. 그리고 본질적으로 모든 정치는 개량주의입니다. 개량주의가 싫으면 혁명을 계속해야 합니다."[26]

"선명 야당론은 대통령과 여당을 상대로 투쟁하는 게 야당 본연의 임무라고 생각합니다. 그래서 여당과 협상을 통해 뭔가 합의하는 걸 달가워하지 않습니다. 합의의 반대급부가 있다면 몰라도 말입니다. 그리고 고정 지지층, 소위 집토끼를 의식해 발언하고 정치적 노선을 결정합니다. 반면에 대안 정당론은 국민들에게 집권 능력을 인정받는 게 야당의 궁극적 목표라고 봅니다. 그래서 여러 정책들을 선제적으로 제시하면서 대안을 내놓는 걸 중시합니다. 여당과의 타협을 주저하지 않습니다. 부동층과 기권층, 즉 산토끼들을 불러들이기 위해서 온건하고 합리적인 언어를 구사합니다."[27]

그는 원하는 목표가 있으면 그 목표를 위해서 유연하고 융통성 있고 때로는 적도 내편으로 만들 수 있어야 한다고 생각한다. 그래서 공격을 받기도 하지만 중요한 건 목표를 이룰 수 있냐이다. 그는 자신을 '대안정당론자'라고 말한다. 투쟁보다 국민이 먹고 사는 문제가 더 우선이 되어야 하고, 그에 대해 열정적으로 고민하고, 해결할 방법을 찾는 사람이다. 2014년 대구시장 선거에서 상대 당 권영진 후보와 경쟁했지만, 상대 당과 예산을 가져와야 할 때는 야당지도부를 설득해서 3,000억 원의 예산을 협력해서 가져왔다. 상대 당은 무조건 배척하고 반대하는 정치풍토를 바꾸고 그들과 토론하고 대안을 마련하는 정치를 하고자 노력하는 모습이다.

3) 자신의 힘이 세상보다 강하다고 생각하는 긍정적인 시각

사교형은 자신의 힘이 세상보다 강하다고 생각한다. 그래서 일반적인 사교형은 어떤 일이 되든 안되든 크게 개의치 않고 무심하게 포기하는 경우도 많다. 그러나 지도자급은 이런 일반적인 사교형의 약점을 보완하면서 성장하기 때문에 원하는 일이 잘 안되었을 경우 긍정적으로 생각하고 다시 도전한다.

대학 입시도 재수를 하고 국회의원도 삼수를 하는 등 도전을 계속해왔다는 점이 김부겸의 긍정성과 성장한 사교형의 모습을 보여준다. 스스로도 이런 점을 자신의 매력이라고 자랑스럽게 이야기한다. 즐거움과 재미를 추구하는 사교형에게 실패해도 계속 도전한다는 것은 가장 힘든 일이기 때문이다. 그는 이런 특성을 아래 내용처럼 스스로 자랑스럽게 표현했다.

"어떤 문제를 한번 물면 끝까지 징글징글할 만큼 돌파하는 뚝심이 있습니다. 무엇을 결심해서 잡으면 끝까지 갑니다. 입시도 제때 들어간 적은 없습니다. 입시도 재수를 해서 마침내 들어갔고, 정치도 삼수를 해서 국회의원을 달았습니다. 제가 어떤 과제를 잡으면 절대로 중간에 어설프게 관두는 것은 없습니다. 다만 그 과정에서 남에게 자랑하기 전에 밤을 새우고 자신을 닦아 가면서 정말로 국민들에게 내놓을 때까지는 다지고 다지고 노력하는 그런 끈기는 좀 있습니다. 이게 국민들에게 구질구질하게 보일 수 있지만, 한번 뱉어놓은 말에 대해서 책임을 집니다."[28]

사교형은 무리에 속하거나 무조건적으로 추종하지 않는다. 무리 속에 있더라도 자기 목소리를 내고 존재감을 드러낸다. 군계일학처럼 눈에 띄고 표가 나게 행동한다. 있는 듯 없는 듯 존재감 없는 모습을 가장 싫어한다. 뒤에서 설명할 안정형처럼 주변과의 화합과 대화를 추구하는 건 비슷하지만 사교형은 자신이 주도가 되고 무리 속에서 표면으로 떠올라 주목을 받는다.

"박정희 대통령 시절부터 권위주의에 맞서 나름대로 저항하고 싸우면서 통속적인 권위에 쉽게 복종하지 않는 힘을 갖게 되었습니다. 비판적인 근육이 체질화되었다고 할까요. 정치인도 출세하려면 힘센 진영에 줄을 대고 맹목적으로 따라야 살아남는데 그게 쉽지 않았습니다. 저는 목소리가 크지 않았지만 처음부터 자기 목소리를 뱉어 내는 사람이었습니다. 결과적으로 어느 진영에서도 환영받지 못했으니 특정 진영의 충성스러운 멤버가 되는 건 처음부터 불가능한 일이었는지도 모릅니다."[29]

‖ 2. 정직성의 단서들

1) 약자를 어떻게 대하는가?

김부겸의 유튜브 영상인 '야권의 경상도 남자로 산다는 건'은 그의 고뇌와 갈등을 잘 보여준다.

"경상도 사람이 야권에서 정치를 한다는 건 가혹한 거예요. 내가 명확하게 어느 한편을 드는 정치노선을 택했다면 오해는 안 받았겠죠. 그런데 책임을 져야 하는 국회의원이 되고 보니까 선명함에 문제의 해답이 있는 게 아니더라고. 진영 논리에 충실하고 상대편에게 고함을 치는 게 다가 아니더라고. 내가 처음 정치를 할 때 생각했던, 가난하고 억눌리고 힘든 사람들의 삶을 단 한 보라도 전진시킬 수 있는 성과물을 내려면 여야가 공존하는 수밖에 없어요."[30]

그는 자신의 삶과 이익을 위해서가 아니라 힘든 사람들의 삶을 위한 길이라고 믿고 경상도에서 야권의 정치인으로 사는 것을 감수했다.

2) 불이익을 감수하는가?

정직성이 낮은 사람들은 타인을 조종하여 자신의 이익을 취하는 사람이다. 그러나 김부겸은 오히려 불리한 상황에 자신을 던져놓고 불이익을 감수했다. 한나라당에 속해 있었을 당시 한나라당에게 대북

송금은 국정감사를 할 일이 아니다라고 이야기하는 것은 용기가 필요한 행동이었다. 그가 이익에 따라 움직이는 사람이 아니라 자신의 신념에 따라 움직이는 사람이라고 볼 수 있는 사례이다.

"대북 송금은 그냥 막말로 음흉한 자금을 던진 것이 아니라 현대그룹의 대북 사업에 대한 독점권에 대한 대가였습니다. 논쟁을 할 수는 있지만 특검까지 간 것은 사업의 상대인 북한 정권에게 모독을 준 것입니다. 난 정파의 이익을 떠나 남북관계나 국익의 측면에서 이건 아니라는 생각이 들었습니다. 한나라당 내에서 유일하게 특검에 반대를 했고 자연스럽게 왕따가 되었습니다. 그때 얻은 별명이 '김부결 의원'이었습니다."[31]

우리나라가 남북한의 분단 상황이 아니라면, 보수와 진보가 이렇게 맞서서 갈라서있지 않다면, 김부겸에 대한 평가는 달랐을 것이다. 김부겸의 유연함과 포용의 정치가 배신자라는 딱지 대신 추앙받는 이력이 되었을 것이다. 그러나 현재의 정치와 안보 상황 속에서 김부겸은 쉽지 않은 길을 걸어가야 하는 운명으로 보인다.

5
사교형 지도자와 정직성 변수 : 오세훈

오세훈은 훈남이라고 부를 수 있는 훈훈한 미소와 온화함이 얼굴에 묻어난다. 이런 온화함 때문에 안정형으로 보여질 수도 있으나 그의 목소리와 여러 행동 등은 주머니 속의 칼처럼 무리 속에 있지 않고 존재감을 드러내며 튀어 나온다. 사교형의 특징이다. 대부분의 정치지도자급 인물들은 1가지의 전형적인 유형이 아닌 2가지 이상의 유형들이 가진 장점들을 동시에 나타낸다. 오세훈도 그런 인물 중 하나다. 인상은 안정형인데 성격과 행동은 사교형의 모습을 많이 지녔다. 사교형 70%, 안정형 30% 정도로 볼 수 있다.

사교형의 특징도 가진 안정형인 남경필과 비교해서 차이를 발견하는 것도 재미있을 것 같다. 오세훈은 감정을 표현하는 부분에서 안정형인 남경필에 비해 입체적이다. 그를 가까이서 지켜본 전 서울시 측근은 정치인이지만 좋고 싫음이 극명하게 드러난다고 표현한다. 또 오세훈의 아내는 요리가 맛있으면 열광적으로 칭찬하고, 맛이 없으면 면박을 주는 등 반응이 너무도 즉각적이고 극적이라 요리를 준비하는 것이 무척 재미있었다고 회고한다.[32] 감정 표현이 안정형에 비해 풍부하고 자유롭다.

‖ 1. 사교형의 에피소드

1) 관계를 중시하고, 이쪽저쪽을 넘나드는 유연함

오세훈은 '박쥐'라는 별명을 갖고 있다. 자신을 친박이나 비박으로 규정하는 것을 원하지 않는다. 계파가 중요한 정치판에서 어느 계로 불린 적이 없다. 당내 선거에서 자신이 지지하는 사람에게는 응원을 공개적으로 표명하고, 지지하지 않은 사람에게는 미안하다는 말을 하며 양쪽 모두에 정서적 연대를 가지고 있다. 사교형이 사람을 챙기는 방식이다. 어느 쪽이든 적을 만들지 않고 관계를 중시한다.

"시장이 될 때 박근혜와 이명박에게 똑같이 신세를 졌습니다. 이정현과 주호영이 출마한 새누리당 당대표 선거에서도 비주류인 주호영 후보를 지지했습니다. 두루두루 다 친하기 때문에 이정현 대표가 될 줄 알았지만 제 판단에 따라 주호영 후보를 지지했습니다. 이정현 대표에게 미안하게 생각합니다."[33]

2) 자신의 힘이 세상보다 강하다고 생각하고 존재를 드러내고 싶어 한다

사교형은 자신의 영향력이 살아있다는 것을 항상 증명하고 싶어 한다. 그 자신도 자기를 생각할 때 상대방에게 영향을 줄 수 있는 상황을 선호한다고 말한다.

"내가 생각해도 나는 기가 너무 센 남자요, 남편이다. 남에게 진다는 생각이 들면 절대로 참지를 못한다. 또 사람관계에 있어서도 내가 우월한 입장에 서서 베푸는 상황이 되면 오래도록 유지가 되지만, 그 반대의 상황이라면 그 관계는 오래가지 못한다."[34]

그는 반기문이 유엔 사무총장직을 마치고 귀국을 하면 힘을 보태겠다고 언론을 통해서 공개적으로 말했다. 이것도 자신이 힘이 있다고 생각하고 존재를 드러내고 싶어 하는 모습이다. 오세훈은 어느 상황에 처하더라도 자신의 존재가 있음을 알린다. 이는 같은 사교형인 손학규가 산골짜기 토굴에 숨더라도 세상이 그의 존재를 아는 것과 비슷하다. 사교형의 특징이다. 어느 변방에 있더라도 중앙을 지향하고 세상 밖으로 나오려고 한다.

이런 특성은 그가 국회의원이었을 때 두각을 나타내었다. 국회 정치개혁특위에서 한나라당 간사를 맡았을 때, 국회 내외의 많은 저항을 극복하고 돈 안 드는 선거와 투명한 정치자금 관리를 위해 지구당 폐지와 후원금 한도액 인하, 기업 후원금 금지를 주요 내용으로 하는 일명 오세훈법을 만드는 역할을 했다. 그리고 당 쇄신을 위해 5 · 6공 인사의 용퇴를 주장하기도 했다. 이후 자신이 정치 개혁의 밑거름이 되겠다며 먼저 기득권을 버리는 모습을 보여주겠다는 의미로 17대 총선에 불출마한다는 선언을 하고 불출마했다.

사교형은 자기 인생에서 드라마를 찍고 싶어 한다. 자신의 존재를 드러내려는 욕구가 행동으로 나타날 때는 평범함이 성에 안찬다. 드라마틱해야 하고, 그럴 듯한 모습으로 나타나고 사라질 때도 폼 나게 사라져야 한다. '무상급식 주민투표'에 서울시장직을 걸고 그 결과에 따라 서울시장직을 사임한 것도 이런 맥락에서 이해가 가능하다.

3) 즐거움, 신바람, 창의를 통한 자유를 추구

오세훈이 서울시장으로 재직했을 때 한창 펀Fun 경영이 유행했었다. 그는 서울시에도 이런 펀 경영을 도입하고 공무원들이 신바람 나게 일할 수 있는 제도들을 만들고 이를 강조했다. 만약 신중형이나 주도형이었다면 이런 선택을 하지는 않았을 것이다. 사교형이 추구하고 좋아하는 것이기 때문에 선택한 것으로 봐야 한다. 사교형은 인생에서 자유를 화두로 추구하고 그 과정이 즐겁고 재미있기를 원한다.

그래서 일상적이고 평범한 것에는 별로 흥미를 못 느낀다. 그 점을 서울시 공무원에게도 적용한 것으로 볼 수 있다.

그가 서울시 시장일 당시 만들어진 아이디어 제안 횟수에 따라 누적되는 '사이버머니 제도'는 현금처럼 사용할 수 있고, 가장 많은 제안을 한 직원은 안락한 '창의 의자'에 앉을 수 있다. 그 결과 재미있는 발상과 창의력이 넘쳐났다. 최고의 공연을 단돈 1,000원에 볼 수 있게 한 '천원의 행복' 프로그램도 여기서 나왔다. '달빛 무지개 분수'도 서울시 직원이 상상뱅크에 제안한 것을 실행한 것이다.[35] 이런 이벤트나 아이디어들은 공무원들의 제안에 의해서 수동적으로 만들어진 것이 아니라 시장인 오세훈이 본인의 색깔을 적극적으로 드러낸 선택으로 보인다.

‖ 2. 정직성의 단서들

1) 자신의 시간과 돈을 누구를 위해 사용하는가?

오세훈이 변호사와 방송인으로 활동하던 시절에 그에 대한 평은 호평일색이다. 그는 인천 산곡동 경남아파트 주민집단 소송을 수임하여 대형 건설사와 일조권 재판을 치뤘다. 환경권에 대한 민형사상 판례가 전무하던 시절 일조권을 침해받아도 억울함을 이야기할 곳이 없던 약자의 입장에서 재판을 승리로 이끌었다. 일조권 소송을 하면서 1992년 환경운동연합의 시민상담실 실장으로 5년간 무료 상담을 진행했고, 2000년까지 환경운동연합의 활동을 하면서 환경에 대한 지속적인 관심을 보였다. 태화기독교 사회복지관에서 매 맞는 여성의 쉼터 공익 변호사로서 무료 법률 상담을 하기도 했다.

17대 총선 불출마를 선언하고 의정 활동 잔여금 중 1,500만 원은 환경재단에, 1,000만 원은 서울문화재단에 기부했고, 신문 광고 수익금 3,000만 원을 장애 아동과 북한 어린이들을 위한 사회복지법인 대한사회복지회에 기탁하기도 했다.[36]

그가 서울시장으로 재직하던 당시 강남과 강북의 격차가 큰 이유는 재산세의 차이에서 기인한다는 점에서 2008년부터 재산세의 50%를 특별시세로 징수하여 25개 자치구에 균등 배분했다. 최대 16.6배에 이르던 강남과 강북의 재산세 세입 격차를 4.7배로 크게 줄였다.[37] 또한 저축액만큼 서울시가 추가로 적립해주어 저소득층의 자립을 돕는 희망플러스 통장을 운영하여 공공행정상을 수상하기도 했다.

이렇게 정리해보면 그가 약자에게 관심을 갖고 그들에게 이익이 되는 정책과 활동을 하기 위해 노력한 것으로 보인다. 서울시장으로서 약자를 위한 정책에 관심을 기울이는 것은 서울시장의 미션이기도 하다. 그런 면에서 이러한 에피소드가 오세훈이 약자를 어떻게 대하는지를 모두 보여준다고 말하기에 부족함이 있다.

2) 약자들을 어떻게 대하는가?

희생해야 할 것이 없을 때는 누구나 좋은 일을 할 수 있다. 그러나 살다보면 언젠가는 선택을 해야 하는 상황에 맞닥뜨린다. 그가 약자를 외면했다는 가장 큰 비판은 용산 참사에 대한 그의 태도라고 볼 수 있다. 오세훈은 용산 참사 이후 단 하루도 맘 편할 날이 없었고, 100회 이상 협상하며 협상점을 찾았다고 한다.[38] 그러나 오세훈은 유족들이 요구한 임시 영업장 설치를 반대했다. 또 협상점을 찾았다고 한 하루 전날 유족들은 이명박 정부와 오세훈 시장이 '시간은 약이다'는 식으로 버티고 있다고 주장했다. 특히 오세훈은 책임을 조합과 시공사에 서로 돌리며 국회의원 면담 요구도 거절하면서 언론플레이를 하고 있다는 비판을 받았다.[39]

오세훈은 참사가 일어난 지 355일이 지난 후 장례식장에서 유족들과 처음 대면했다. 이 자리에서 유족들은 오세훈에게 "왜 이제야 왔느냐. 왜 이런 고통을 1년 내내 유족에게 주었느냐."며 항의하기도 했다.[40] 이후 참사 6주기 추모를 포함해 용산 참사 관련 추모 자리에 오세훈이 참석했다는 기사는 찾을 수 없었다.

그가 무료 변론을 하고 시장으로서 가난한 사람을 위한 정책을 펴기는 했지만, 그가 있어야 할 자리에서 약자를 만나고 약자를 대변하는 입장에서 설득하는 작업에 적극적이었다고는 보기 어렵다. 법은 약자의 권리를 보호하기 위해 있는 것이다. 강자는 이미 자신의 권리를 지킬 힘이 있기 때문이다. 그러나 오세훈의 경우 오히려 약자에게 이익이 가는 상황에 대해서는 더 엄밀하게 법을 적용하는 것 같아 보인다.

무상급식 주민투표의 경우도 여기에 해당하는 사례로 볼 수 있다. 민주당이 무상급식을 추진하자, 복지는 한 번 시행하면 되돌리기 어렵기 때문에 단계적으로 실시해야 한다고 주장하면서 서울시장직을 걸고 주민투표를 강행했다. 이후 그는 "무상복지를 보편적 복지라는 이상향으로 포장한 야당과 싸우는 과정에서 혼자 고군분투하던 내가 걸 수 있는 것은 그것밖에 없었다."며 후회하지 않는다고 했다.[41]

그는 복지를 이야기하기 전에 세금을 먼저 이야기해야 한다고 주장한다. 중 부담 중 복지를 할 것인가, 저 부담 저 복지를 할 것인가에 대해 많은 대화와 사회적 합의가 이루어진 후 복지를 넓혀 가야 한다는 것이다.[42] 복지를 늘리려면 세금이 있어야 한다는 말은 그럴듯해 보인다. 경제논리이다. 복지와 세금을 연계해서 세금에 대한 저항감으로 복지정책을 막으려는 논리로 보인다. 그러나 복지는 정의의 문제이지 경제의 문제가 아니다. 경제 불평등이 심각한 우리나라의 경우 경제정의를 통해서 세금을 효과적으로 사용함으로써 얼마든지 복지를 강화할 수 있으나, 경제논리는 그런 논의를 덮어버리는 효과가 있다. 오세훈은 경제논리로 복지에 신중을 기해야 한다고 항변하지만, 복지에는 돈 문제 이외에 다른 많은 것들이 포함되어 있다는 것을 보지 못한 것 같다.

3) 법을 잘 지키는가?

무상급식 주민투표는 여러 면에서 오세훈의 정치 행보에 무리수가 되었다. 야당인 민주당이 서울시의회에서 많은 숫자를 차지하게 되자 서울시의 여러 정책들에 제동이 걸리고 갈등이 발생했다. 특히 무상급식을 추진하려는 민주당 의원들과 이를 저지하려는 오세훈의 갈등은 깊었다. 그래서 오세훈은 민주주의의 기본인 대화와 타협으로 야당을 설득하면서 접점을 찾아가는 방법 대신 주민투표에 붙여서 무상급식을 저지하고자 했다. 여소야대는 흔하게 있는 정치 상황인데 본인의 시정 운영 계획을 현실적으로 찾지 않은 점은 그가 대통령이 되었을 때 여소야대의 국회를 어떻게 대할지 예측할 수 있다. 그의 이런 모습은 의회정치를 무시했다는 비난을 받고 있다.[43]

또한 당시 서울시 주민투표 청구인 자격인 '복지포퓰리즘추방국민운동본부'라는 단체는 무상급식 저지 주민투표를 위한 서명을 받는 과정에서 대리 서명, 동일 필체, 허위 서명 등 13만 4,000여 건의 불법 사례가 드러났다.[44] 서울시 산하 중부 교육지원청 관내 학교에 '전면 무상급식 반대'라는 이메일을 보내기도 하고, 구로구, 강서구 등에서는 부정 투표의 증거들이 발견되기도 했다.

오세훈은 문화가 흐르는 서울을 위해 디자인 사업을 중점적으로 실시했다. 이 과정에서 서울시의 부채가 2006년 대비 2.7배로 늘어났다. 한강 플로팅 아일랜드, 수상 콜택시 등의 사업, 한강 르네상스 사업 등 부채가 증가하는 사업을 진행하면서는 서울시민들의 의견을 묻지 않았으면서, 정작 서울시민의 복지를 늘리는 무상급식은 주민투표에 부쳐서 막으려 했다는 비판이 쇄도했다.[45]

오세훈은 보수는 이익집단이고 정직하지 않다는 통념에 반하는 정치인인 것은 분명해 보인다. 그가 이익 때문에 움직이는 것이 아니라 신념 때문에 움직이고, 자신의 소신이 있는 보수당의 정치인이라는 점은 반갑다. 그러나 복지에 대한 소신 방향은 다시 한번 점검해봐야 할 것 같다. 복지국가는 단지 경제적인 논리에 의해 밥만 먹여주면 되는 것이 아니라, 그 복지를 받는 사람의 마음까지 헤아릴 수 있어야 한다. 미래 세대를 이끌어 갈 복지논리에서 너무 멀리 벗어난 것 같아 아쉬움이 남는 정치인이다.

chapter

one | two | three | **FOUR** | five

안정형 리더

국민의 뜻을 받들어 소통과 화합하는 리더

1
여럿이 한 걸음을 가는 안정형

‖ 1. 안정형의 일반적인 특징들

세 번째 유형인 S형은 스테디네스Steadiness의 첫 알파벳에서 딴 이름으로, 안정형을 의미한다. 4가지 유형 중 가장 안정적인 특성이 강하다. 그래서 꾸준히 하나의 일만 하고, 사람을 사귀어도 오래도록 사귄다. 다른 유형에 비해 '한결같음'이란 단어가 전면에 등장한다. 특히 사람 간의 관계를 매우 중요한 가치로 본다.

주도형의 경우 일 중심의 빠른 속도가 특징이었다. 사교형은 속도가 빠른 점은 주도형과 비슷하나 우선순위가 사람이라는 특성을 가졌다. 그러나 앞의 두 유형과는 달리 속도가 느리고 생각을 하거나 반응, 행동을 할 때 심사숙고하는 스타일이다. 간디, 테레사 수녀, 넬슨 만델라와 같이 평화와 화합을 추구해온 위인들이 대표적인 안정형이다.

안정형은 자신을 둘러싼 인간관계에 대해 사교형보다 훨씬 진지하고 중요하게 생각한다. 앞서 주도형과 사교형에서 했던 질문을 해보겠다. 당신이 결혼하고 싶은 사람이 있다. 그러나 부모님이 이 결혼을 말린다면 당신은 어떻게 하겠는가? 만약 이 질문에 엄청난 고민의 파도가 밀려온다면 당신은 안정형일 가능성이 높다. 왜냐하면 이 질문에 답하기 위해서는 자신과 부모님의 관계를 떠올려야 하고 배려해야 하기 때문에 감정적이거나 직관적으로 말할 수 없기 때문이다. 이와 같이 안정형은 다른 사람과의 관계와 협력하는 환경을 함께 고려하고, 자신이 원하는 것과 주변 관계가 원하는 것이 다를 때 주변 관계를 더 우선적으로 고려하여 결정하는 특징을 가지고 있다. 안정형의 모든 특징은 자신과 주변의 욕구를 동시에 고려하거나 또는 자기 이상으로 중요하게 생각하는 점에서 기인한다.

다른 사람 위주로 생각하고 결정하는 것이 사회생활과 인간관계에서는 도움이 되겠지만, 정작 자기 자신이 에너지를 얻고 행복한 느낌을 받기는 어렵다. 그 결과 안정형이 슬럼프에 빠지거나 회의를 느끼기 시작하면 그 어려움을 극복하기 어렵고 회복까지 시간이 많이 걸린다. 안정형은 다른 사람의 기대와 그에 따른 역할에 충실한 삶을 사는 경향이 많다. 그리고 인생의 중반을 넘어선 시점에서 그 사실을 깨닫고 달라지려고 노력하는 모습을 보인다. 자신을 위한 선택들을 하나씩 늘려감으로써 조심스런 변화를 시도하기도 한다.

‖ 2. 인간 중심의 안정형

안정형은 다른 사람과 함께 일하는 것을 좋아한다. 안정형은 그룹이 해결 과제를 만났을 때 한마음 한뜻으로 그 과제를 해결할 수 있도록 힘을 합한다. 과제를 해결할 때도 그 중심에는 사람과의 관계가 우선이 된다. 안정형에 관한 재미있는 이야기 하나를 소개하겠다. 안정형만으로 이루어진 그룹이 뗏목을 타고 좁은 수로를 지나가고 있다. 그런데 커다란 바위가 나타나서 뗏목을 가로막고 있다. 안정형들은 어떻게 이 바위를 처리할 것인가? 안정형 중 1명이 "여러분 바위가 나타났습니다. 우리 모두 함께 바위를 옮깁시다!"라고 외치며 나서야 모두가 "네, 그럽시다!"라며 한 목소리로 동의하고 동참하는 것이 안정형의 협력 방식이다. 안정형은 한 사람의 리더가 나타났을 때 비로소 마음의 평화와 안정을 찾으며, 그 사람의 리더십에 열심히 따름으로써 자신의 최선을 보여주는 것이다. 심지어 처음 제안을 했던 리더도 함께 솔선수범하여 참여함으로써 열외하지 않는 모습을 보인다. 이렇게 참여시키고 솔선수범하는 리더십을 안정형 리더십, S리더십, 섬기는 리더십, 서번트Servant 리더십이라고 한다.

안정형은 조직 내에서 일을 할 때 각자가 자신의 몫을 해주기 바란다. 이 말은 안정형이 다른 사람의 일을 떠안는 경우가 많다는 뜻이다. 일을 잘 마무리할 것이라는 신뢰를 보여주기 때문에 안정형은 일복이 많다는 얘기를 심심치 않게 듣는다. 특히 거절을 잘 못하는 특성 때문에 본인의 일이 많음에도 불구하고 또 다시 일을 받는 경향이 많다. 심지어 해달라고 부탁하지 않고 그냥 옆에서 한숨만 내쉬었을 뿐인데 그 한숨마저도 부담으로 여겨서 일을 스스로 떠안는다. 그러면서도 안정형은 사람들을 원망하지 않는다. 그냥 상대를 이해하고 인정해준다. 하지만 몸은 저항한다. 안정형에게 위장병이나 신경통이 많이 나타나는 이유가 바로 여기에 있다.

‖ 3. 심사숙고하는 안정형

안정형은 일을 부드럽게 처리하길 원한다. 그래서 자신과 주변의 평화와 안정이 그대로 유지되길 바란다. 또 행동도 진지하기 때문에 속도가 느리게 보인다.

안정형은 주변과의 화합과 안정, 평화로운 관계와 친절한 상황 설정 등을 추구한다. 자신 내면의 평화도 중요하고 타인과 연관된 외부의 평화도 중요하다. 그렇기 때문에 이러한 평화와 안정을 깨는 요소에 대해서는 두려움을 갖고 있다. 위협하는 목소리 톤과 협박, 폭력적인 언어나 행위, 관계를 위협하는 말들을 두려워한다. 가이드라인이 제시되는 상세한 설명과 피드백을 좋아하고, 친절하고 상세하게 하나하나를 알려줘야 맘 놓고 편하게 자신의 역량을 발휘할 수 있는 유형이다.

‖ 4. 자신의 힘이 환경보다 약하다고 생각하는 안정형

불안한 상황을 꺼려하는 안정형의 성향은 환경보다 자신의 힘이 약하다는 인식에 기인한다. 조직에서 사람이 들어오고 나가는 것 같은 관계의 변화나 환경이 달라지는 것을 두려워한다. 자신이 다시 적응해야 하는 일이 발생할 때 자신의 힘이 약하기 때문에 두려움을 갖는다. 그래서 그 과정에 대해 더욱 주의를 기울이고 에너지를 많이 사용한다. 자신을 환경보다 약하게 인식하기 때문에 자신이 잘하고 있어도 드러내지 않고 의견이 있어도 자신 있게 말하지 않는다. 이런 모습은 다른 사람이 볼 때는 자신감 없고 소심해 보이기도 한다.

주도형과 사교형에 못지않은 비슷한 역량과 실력이 있어도 그것을 겉으로 나타내려 하지 않기 때문에 겸손하게 보인다. 무슨 일을 하는지 전혀 드러내지 않다가 나중에 결과를 만들어 와서 주변 사람을 놀라게 하는 일도 종종 발생한다. 이렇게 자신의 실력이나 가진 자산을 겉으로 드러내지 않는 겸손한 모습 때문에 숨은 실력자인 경우가 많고 조직의 상층부까지 적 없이 무난하게 올라가기도 한다.

‖ 5. 환경을 우호적으로 보는 안정형

안정형은 환경보다 자신을 약하게 생각하지만 그 환경을 우호적으로 인식한다. 환경이 변화했을 때 안정형은 그 환경의 요구에 저항하고 자기가 원하는 환경으로 바꾸려 하기보다 환경이 요구하는 것을 받아들임으로써 적응한다. 자신의 힘이 환경보다 약하다는 인식은 주변의 요구에 대해 진지하게 받아들임으로써 자신을 적응시킨다. 이런 특성 때문에 '공무원 같다'는 말을 듣고, 실제로 공무원 조직에서 많이 발견된다. 조직의 관리자같이 정해진 일을 규칙에 맞춰 안전하게 수행하는 특성과 잘 맞는다.

따라서 급격한 변혁이나 혁명은 안정형 지도자에게서는 일어날 가능성이 적다. 기존의 관계를 유지하면서 자신이 노력하면 불안정한 상황이 개선될 것이라고 생각하고 에너지를 사용한다. 안정형 지도자는 판을 갈아엎고 시작하기보다는 기존의 판에서 더 나은 환경이 되도록 개선하는 방식으로 일을 한다. 그리고 의견이 다른 세력이 있더라도 내치거나 제거하기보다는 화합하고 연대하여 공동체로서의 가치를 추구하려 한다. 안정형에게는 평화와 화합이 매우 중요한 가치이기 때문에 판세를 난설하는 일은 거의 없다. 안정형 지도자는 적대적 관계의 국가라도 적국으로 인식하기보다는 연대하고 평화를 이뤄야 하는 파트너로 인식할 가능성이 높다.

안정형 지도자는 변화무쌍한 세계 경제와 국내 정치 상황 속에서, 안정과 평화를 추구하는 균형자의 역할을 해야 한다는 자기 인식 속에서 엄청난 내적 갈등과 고뇌를 안고 있다고 예측할 수 있다.

‖ 6. 7가지 요소로 정리한 안정형의 특성 [1]

1) 안정형이 추구(동기)하는 것은 무엇인가?

안정형은 다른 사람과 협력할 수 있는 안정적인 환경에서 강하게 동기부여가 된다. 그 환경 안에 자신의 책임과 권한이 명확하게 제시되었을 때 불안감 없이 확신을 갖는다. 안정형이 리더가 될 경우 위임을 해준 사람은, 그 권한에 대해 간섭하거나 비판하기보다 인정과 세심한 피드백을 해줄 때 안정형의 능력을 최고로 잘 사용할 수 있다. 물론 이런 조건은 누구나 환영할 것이다. 그러나 주도형과 사교형은 자신의 권한을 침해받거나 간섭을 받으면 즉시 저항하면서 권한을 명확히 하려는 시도를 할 것이다. 반면 안정형은 자신의 권한이 침해받으면 저항하기보다 받아들이기 위해 자신의 권한을 축소하는 성향이 강하기 때문에 안정형의 능력을 발휘하는 것 자체를 기대하기 어렵다.

어떤 지위와 권력도 외부의 저항과 비난이 존재한다. 저항과 비난이 있더라도 그 자체를 타개하며 리더십을 펼쳐야 하지만, 안정형의 경우 그 반대 세력의 요구를 받아들이는 쪽으로 너무 많은 에너지를 쏟게 되어 정작 자신의 업적을 쌓아 나가는데 어려움이 많다. 평화와 안정을 추구하는 특성은 자신과 주변 사람들의 관계부터 정리해야 그 다음 단계의 과업으로 나갈 수가 있다. 안정형이 자신의 능력을 발휘하기 위해서는 지지와 응원을 받는 환경이 매우 필수적인 조건이다.

2) 두려움은 무엇인가?

안정형은 변화를 두려워한다. 갑작스러운 변화나 돌발적인 상황을 회피하려 한다. 안정이 최우선 가치이기 때문에 예측할 수 없는 상황이 자주 발생하는 비체계적이고 조직적이지 못한 환경, 무질서한 상황을 꺼려한다. 안정과 평화를 유지하기가 어려운 상황뿐 아니라 집단 구성원이 경쟁적이거나 공격적인 관계일 경우도 매우 꺼린다.

3) 선호하는 환경은 무엇인가?

예측 가능하고 질서 정연하며 잘 정돈된 환경을 추구한다. 조화롭고, 사적으로 친근하며, 우호적인 환경을 선호하는 것이다. 이러한 안정형이 지도자가 되기 위해선 혼란스럽고 갈등 많은 집단을 자기 확신을 가지고 주도형과 같은 힘으로 제압하는 과정도 필요하다. 선의만 가지고는 큰 단위의 그룹을 이끌기가 어렵다. 사람들은 상대가 약하다고 인식하면 언제든지 공격한다. 강한 확신을 가지고 주변의 비판에 흔들리지 않는 자기 확신을 갖는 것이 안정형의 과제이다.

4) 갈등과 스트레스 상황에서 어떻게 하는가?

안정형은 동료나 리더가 경쟁적이고 공격적인 태도를 보이거나 대립하고 있을 때 매우 힘들어한다. 누구나 그러지 않을까 싶지만, 주도형과 사교형을 함께 비교해보면 안정형과는 다르다는 것을 알 수 있다. 주도형은 동료나 리더에게 공격을 받으면 자기도 공격하면서 상대와 끝까지 한번 해보자라는 태도를 보임으로써 상대로부터 타협을 얻어낸다. 사교형은 일단 자리를 피하거나 사람을 회피함으로써 대립이 더 심각해지지 않도록 만들고 사적인 접근이나 다양한 채널을 가동해 영향력을 행사한다. 그러나 안정형은 진심으로 대한다는 방식 외에 별다른 카드가 없다. 안정형은 공격받는 상황에서 오히려 지나치게 양보한다든지, 대립적인 상황을 회피하기 위해 순종적으로 반응한다. 그러나 적어도 큰 조직의 리더나 지도자라면 자기 성장을 통해서 자신의 확신을 길러 극복할 필요가 있다. 결단력 있는 모습을 보여주는 안정형이라면 지지자로부터 더욱 힘을 얻을 가능성이 높다.

5) 과도하게 사용할 때 나타나는 부작용은 무엇인가?

안정형이 추구하는 평화와 안정이 지나치면 변화를 두려워해서 발전이 없고, 문제를 해결하기보다 유지하는 선택을 한다. 또한 갈등적인 상황을 회피하려고 자기 의사를 밝히지 않거나 쉽게 타협한다. 또 결단까지의 시간이 오래 걸려서 적절한 타이밍을 놓치기 쉽다. 안정형이 이러한 자기 약점을 알고 스스로 경계를 삼는다면 훌륭한 리더로서 성장할 것이다. 왜냐하면 지금 시대는 국민을 위해 봉사하는 진정한 서번트 리더를 원하기 때문이다.

6) 의사소통의 특징은 무엇인가?

안정형은 대화할 때 먼저 말하기보다는 먼저 들으려는 경향을 보인다. 그래서 주로 듣는 입장에서 상대에게 귀를 기울이고 그 내용을 공감해준다. 안정형은 상대가 아주 주의 깊게 물어봐야 자기 생각을 말하고 상대가 묻지 않으면 잘 이야기하지 않는다. 또한 상대방이 얼마나 안전하고 위험 부담이 없는 사람인지에 따라서 이야기하는 수준과 내용이 제한된다. 아주 친밀한 사이가 아닌 한 안정형의 속내를 듣기는 쉽지 않다. 많은 걱정과 갈등거리를 혼자 안고 끙끙 앓는 편이고 잘 털어놓지 않는다.

7) 안정형의 효과 증진책은 무엇인가?

안정형의 존재가 빛을 발하기 위해서는 2가지의 요건이 필요하다. 첫째는 변화에 대해 두려워하지 않고 배짱과 여유가 필요하다. 본래의 성향이 변화를 두려워하기 때문에 이 말이 그리 쉬운 일은 아닐 것이다. 두 번째는 자기 확신을 갖고 대응하는 기술이 필요하다. 만약 안정형 지도자가 이 2가지를 가지고 있다면 아주 유력한 지도자가 될 것이다. 시대의 요구가 안정형 리더십에 있기 때문이다.

2
안정형의 리더십과 정직성

‖ 1. 높은 정직성을 가진 안정형

안정형을 판단할 때는 자기 자신보다 다른 사람의 욕구를 먼저 생각하고 배려하는 특성을 중심으로 보는 것이 핵심이다. 이런 특성 때문에 앞서 나가거나 쉽게 드러나지 않는 사람으로 보인다. 그러나 내면의 양보할 수 없는 기준을 갖고 있어서 시간이 지남에 따라 그런 면이 외유내강의 리더십으로 드러나게 된다. 그래서 안정형의 리더십을 서번트 리더십, 섬김의 리더십이라고 말할 수 있다. 열외를 하거나 사장이라고 예외를 두는 것이 아니라 직원들과 함께 신뢰와 파트너십의 책임을 함께 지는 것이다.

정직성이 높은 안정형은 다른 사람에 거부감을 주지 않는 친밀함을 지녔다. 안정형은 다른 사람이 행복해야 자신도 행복하다고 생각하고 다른 사람에 대해 가장 강하게 동병상련할 수 있는 유형이다. 높은 정직성을 가진 안정형은 진실함과 다정함으로 다른 사람에게 다가가고 그들의 이야기를 경청한다. 목표를 향해서 빠르진 않지만 다수가 행복할 수 있는 정책을 집행하고 결정한다. 그리고 조용히 실행에 옮기는 사람들이다.

‖ 2. 낮은 정직성의 안정형은?

안정형의 정직성이 낮을 때 어떤 캐릭터가 탄생하는지 보자. 안정형 자체의 특성이 타인을 돌보는 경향이 강하다는 것이다. 그런데 정직성이 낮을 경우 돌보는 행위처럼 보이지만 미묘하게 타인을 이용하는 이기적인 캐릭터로 등장한다.

낮은 정직성과 인정형의 내향적 특성이 만났을 경우 위험을 무릅쓰는 모험이나 경쟁은 회피한다. 겁쟁이나 교활한 여우의 캐릭터를 떠올리면 이해가 쉬울 것이다. 이들은 자신의 약한 점을 이용하고 드러내어 상대방으로부터 동정을 끌어낸다. 그 결과 자신이 받아야 할 이익보다 더 많이 얻어가려 한다. 자기 이익을 위해서 대범한 시도를 하지는 않지만 자신을 돌보도록 소소한 이유를 만들어 내고 그 이익을 사용한다. 무엇이든지 다해주고, 무언가를 갖다 바치도록 상대방을 감정적으로 조종한다. 언제나 토라져 있거나 사소한 불평을 끄집어내어 상대방이 움직이도록 조종한다. 두려워해야 하는 사람은 아니지만 원하는 것을 얻어낼 때까지 울고 보채는 교활함을 가졌다.[2]

정직성이 낮은 안정형은 사람들과 완전히 적대적인 관계가 되지 않도록 주의하면서 자신의 욕심을 채운다. 인간관계 전략으로 아첨과 아부를 자주 사용한다. 좋아하지 않는 사람에게도 입에 발린 말을 해주어 그 사람의 기분을 좋게 할 수 있다. 만약 당신이 무언가를 제공할 수 있는 위치에 있다면, 정직성이 낮은 안정형은 그것을 얻기 위해 가식적인 친절과 과장된 애정을 풍부하게 제공할 것이다.[3]

《벌거숭이 임금님》은 정직성이 낮은 사교형과 정직성이 낮은 안정형의 사례를 잘 보여주는 동화다. 온통 다른 사람 눈에 자기가 어떻게 보이는가가 중요한 임금님은 자신의 치장에만 관심이 있다. 이 벌거숭이 임금님이 낮은 정직성의 사교형이다. 타인의 삶에는 별로 관심이 없다. 자신의 지위에 걸 맞는 칭송만이 그를 기쁘게 한다. 그걸 얻기 위해서는 나랏돈을 마구 쏟아 부어도 아깝지 않다. 그 옆에서 아부하며 값비싼 옷을 권하는 재봉사가 정직성이 낮은 안정형이라고 볼 수 있다. 정직성이 낮은 안정형은 그것이 설사 잘못된 일이라도 대세를 거스르지 않는다. 여기에 한 사람을 더 추가하자면 대신이다. 눈에 보이지 않는 옷의 진행 상황을 보고 돌아와서 잘 만들어지고 있다고 보고한다. 거짓인줄 알지만 자신의 위엄과 고상함을 손상시키고 싶지 않은 정직성이 낮은 신중형이다. 재봉사가 사기꾼인줄 알지만 나는 그들처럼 아첨과 아부를 일삼지는 않으니까 여전히 고결하다고 생각하면서 임금에게 거짓을 알린다.

《벌거숭이 임금님》은 정직성이 낮은 지도자와 관료들이 국가를 운영하면 어떻게 되는지를 잘 보여준다. 국고는 어이없는 곳에 탕진되고 국민의 눈과 귀를 속여서 장님과 벙어리로 만들어 놓는다. 이때는 유일하게 진실을 이야기하는 어린아이의 외침만이 간절할 뿐이다. 언론이 해야 할 일이 바로 이익과 상관없는 어린아이와 같은 외침을 내는 것이다.

안정형은 힘에 반응한다. 외부의 힘에 좌우된다. 정치인은 외부의 힘을 국민으로 판단하면 국민의 힘을 따르고, 권력으로 판단하면 권력의 힘을 따른다. 정직성이 높은 안정형은 국민을 섬기고 정직성이 낮은 안정형은 권력을 섬긴다. 최순실이 국정을 농단하는 것이 가능했던 이유는 권력을 섬기는 정직성이 낮은 안정형의 공무원들이 청와대에 가득했기 때문이다. 이들은 국민이 아닌 자신의 자리를 지켜주는 최순실에 반응한 것이다.

3
안정형 지도자와 정직성 변수 : 남경필

남경필의 얼굴을 보면 부드러운 미소와 겸손함이 묻어난다. 사람을 좋아하고 친화적인 분위기이다. 목소리도 부드럽고 평화롭다. 그가 하는 이야기나 주장하는 것들도 이와 같다. 안정형은 주변과의 화합을 통해서 평화를 추구하는 유형이다.

‖ 1. 안정형의 에피소드

1) 상대를 우호적으로 인식하고 함께 가는 리더십

남경필이 이야기하는 리더십의 모습은 다각적인 리더십이다. 카리스마 넘치는 1인, 영웅적인 리더십이 요구되는 시대는 지났다고 본다. 함께 가는 리더십, 모든 권력을 혼자 가지고 결정하는 것이 아니라, 권력을 나누고 다름 속에서 타협할 수 있는 리더십이 필요하다고 이야기한다.

"카리스마의 시대, 영웅의 시대는 갔다고 본다. 어떤 지도자도 이 모든 걸 해결할 수는 없다. 지혜를 경청하고 국민을 설득하고 내가 가진 권력을 나누는 것이 차기 지도자의 덕목이다. 지금은 히어로 시대가 아니라 비슷한 사람 중 조금 앞선 사람이 지도자가 되는 시대다. 비슷한 사람이 네트워크로 서로 공유하는 게 새로운 미래다."[4]

자신의 유형에 적절한 리더십의 형태이다. 반대 세력과도 함께 대화하고 협력하는 것이 가능하다고 생각한다. 상대를 우호적으로 보는 안정형의 특징을 잘 보여준다. 남경필의 업적 중 가장 높이 평가받는 것이 바로 '연정'이다. 야당에게 사회 통합 주지사직과 6개 산하기관 인사권을 주는 연합정치의 가능성을 열었다.

이런 인식은 대북 관계에서도 비슷한 모습을 보인다. 그는 "북한 핵 문제는 제재만으로 해결이 안 된다. 제재는 협상을 위한 전제조건이다. 협상의 제재를 모색해야 한다."[5]고 말하며 북한을 완전히 적대적으로 보기보다는 협상을 해야 하는 대상으로 인식한다.

박근혜 정부의 지방 재정 개편안에 대해서 경기도의 6개 지자체장이 반발할 때 남경필도 경기도지사로서 함께 동참하겠다는 뜻을 밝혔다.

"힘을 합해서 정부와 잘 협의해 나가면서 이 문제가 옳은 과정을 통해 옳은 방향으로 마무리될 수 있도록 최선을 다하겠다."[6]

그는 이때도 정부와 잘 협의하고 대화하면 문제가 해결될 것이라고 했다. 정부를 적이 아닌 대화하고 협의해야 하는 파트너로 인식하는 것이다. 정치인으로서 추구하는 가치가 무엇이냐는 질문에 '배려가 있는 자유'라고 답한 것도 이와 같은 맥락이다. 배려는 안정형이 좋아하는 대표적인 단어이다.

2) 평화와 안정을 추구, 방법은 대화로

안정형은 여러 가지 문제를 만났을 때 갈등과 다툼을 꺼려 한다. 대화와 타협으로 풀어가는 방법을 선택하고 그 결과, 평화와 안정을 찾을 수 있기를 희망한다. 평화와 안정이 더 큰 목소리와 힘에 위협받아 흔들리는 것을 두려워한다. 그래서 남경필은 평화와 안정을 시스템화하려고 한다.

그는 〈경인일보〉에서 기자 생활을 하던 때, 기업의 비리를 파헤치고 특종으로 다뤄 문제 제기를 하고 싶었으나 신문사 편집실에서 기사를 덮자고 한 적이 있다고 한다. 결국 기사를 내지 못했고, 가슴 한

편에 후회와 안타까움으로 남았다고 한다. 그래서 더 큰 권력이나 목소리 큰 사람이 정의와 상식을 힘으로 누르는 것에 저항한다. 조그맣고 부드러운 목소리로 말해도 되는 시스템을 구축하고자 하는 열망은 이런 경험들이 축적되어 나온 것으로 판단된다.

"언젠가 때가 되면 기업에 대한 개혁과 변화를 촉구하여, 우리나라 경제가 정상적인 시스템으로 돌아가도록 해야 한다는 숙제가 늘 마음에 남아 있다." [7]

연정에 대한 의의에 대해서도 "제가 1%가 안 되는 차이로 지난 도지사 선거에서 이겼는데 모든 인사, 예산권을 다 가져가면 그때부터 야당과 싸움이 일어나게 될 것이다. 반면 권력을 야당과 나누면 그때부터 협력이 가능해진다. 국민들로 하여금 싸움질만 하는 것이 아니라 협력이 가능하나는 보습을 보여줘야 한다."[8]고 말했다.

그는 경기도지사로 취임 한 후 가장 보람 있었던 일로 연정을 통해 정치적 불확실성을 제거하여 일자리를 창출한 것을 꼽았다.

"정치가 안정되면서, 예측 가능한 정치구조에서 도 집행부와 의회의 여야가 힘을 합쳐서 이뤄낸 결과다. 경제인들이 제일 싫어하는 것이 좌파냐 우파냐 하는 정치적 불확실성이다. 주민들이 바라는 것도 정치권이 싸움 안 하고 협력하면서 상생해 나가는 것이다. 연정으로

정치를 안정시키고, 경제를 '선순환'시켜 주민 행복을 이뤄나갈 것이다." [9]

3) 자기가 세상보다 약하다고 인식한다

안정형은 혼자 결정하고 판단하는 것에 책임지는 것을 두려워한다. 자기 확신에 대한 불안함을 가지고 있다. 주변을 자신보다 강하다고 인식하기 때문에 자기 결정과 판단에 대한 확신이 흔들리는 경우가 많다. 그 결과 끝까지 돌파해서 막아내거나 추진하는 힘이 약하다. 그래서 의식이나 의지는 가고자 하나 몸이나 행동은 이에 따르지 못하는 결과를 맞이한다.

"노무현 대통령 탄핵소추안 가결을 막지 못해서 참담함이 가슴에 차올랐다. 말로만 반대할 것이 아니라, 애초에 더욱 강경하게 행동으로 반대하고 나서야 했는데 아무 것도 하지 못한 것이 후회스러웠다. 나 혼자라도 드러누웠으면 적지 않은 의원들이 동참했을 텐데 하는 후회가 들었다." [10]

주변과의 관계를 무척 중요하게 생각하고 집단의 결정을 존중하고 따르는 경향을 잘 보여준다. 그의 인터뷰를 잘 살펴보면 주장은 펼치나, 결론이나 방법은 함께 대화를 해서 결정해야 한다고 이야기한다. 그리고 갈등이 해결이 안 되는 경우 더 힘이 큰 쪽의 결정을 받아들인다.

누리과정 예산에 대한 그의 태도는 권위와 타인의 주장을 받아들이는 안정형의 모습을 잘 보여준다. 여기서 남경필이 주도형이나 신중형의 모습을 가지고 있었다면 끝까지 싸웠을 것이다. 그러나 안정형은 더 큰 권력에 반응하기 때문에 갈등의 마지막 국면에서는 타협한다. 〈주간경향〉의 원희복 기자는 남경필 지사의 이런 모습에 대해 '카리스마 없는 유약함'이라고 했다.

"누리과정 예산 문제에 대해서도 자치단체장과 중앙정부 사이에서 어정쩡한 태도를 보였다. 이는 그의 정치경력에서 몸을 던지는 승부수 같은 것이 없는 점에서 이해될 수 있다. 금수저들이 가진 얌전하고 좌고우면하는 행정가적 태도가 몸에 밴 것이다."[11]

4) 세상을 긍정적으로 인식하고 여러 정책을 시도함

안정형은 자기를 세상보다 약하다고 인식하지만 그 세상에 대해서는 긍정적으로 본다. 그래서 여러 제안을 펼치고 다른 사람과 협력하는 방법으로 목적을 이루고자 한다. 그 일을 이루기 위한 목표로서 다른 사람과 연대하는 것에 중점을 둔다. 남경필의 경우 연대를 통하지 않고 독자적으로 이런 제안을 이슈로 끌어올려 끝까지 추진할 동력을 가졌다고 보기는 어렵다.

이상득 의원의 불출마를 요구하러 혼자 포항까지 가서 설득을 시도한 점, 박근혜와 의견이 달랐을 때 김기춘에게 부탁하여 설득하려 한 점 등은 상대에게 영향을 행사하여 원하는 것을 얻으려 했지만 모두 실패했다. 어쨌든 설득을 시도했다는 점 자체는 아직 상황을 긍정적으로 본다는 것이다.

이렇게 상황을 긍정적으로 인식하여 주장이나 이슈를 던져놓지만, 마무리하는 모습에서 동력이 사라지는 '용두사미'의 모습이 정치인으로서 아쉬운 점이다. 남경필이 이슈를 다루는 모습을 보면 처음에는 담대하고 화려하게 던지고 조명을 받지만 나중에는 대화와 협의가 더 이루어져야 한다는 모호한 말로 조용히 이슈가 사라지는 것을 반복한다. 모병제나 핵무장론이라는 거대 담론도 시간이 지날수록 논의 상태에서 모호하게 진행될 것으로 예측된다. 최근 대선후보로서의 어젠다인 모병제와 핵무장론을 펼친 것, 박근혜 탄핵정국에서 새누리당을 선제 탈당한 행동 등이 변화를 일으키는 구체 행동이나 결과로 이어질지 확신하기 어렵다.

‖ 2. 정직성의 단서들

1) 약자들을 어떻게 대하는가?

그는 대학 시절 자선 활동 실습을 나갔을 때 만난 선희의 이야기를 자서전 첫머리에 소개한다. 그러면서 우리가 외국인 노동자와 그 가족에 대해 어떤 태도를 취하는지를 생각해 볼 필요가 있다고 언급했다. "일본 사람들이 재일교포를 핍박하면 나쁜 놈들이라고 욕하는데, 우리 사회는 외국인 노동자들을 보면서 어떤 태도를 보이는지 뒤돌아볼 필요가 있다. 다문화가정에 대한 인식의 전환이 필요하다."고 하며 관심을 촉구했다.[12]

또 남경필은 고령자 취업과 교육 문제는 국가가 책임지고 해결해야 하는 일이라고 했다. "개인의 환경이나 부모의 능력에 따라 다음 세대의 교육과 삶이 제약을 받지 않도록, 국가가 나서서 교육의 기회를 평등하게 보장해주어야 한다. 그것이 바로 '국민책임교육제'이다."[13] 라고 강조했다. 그는 이 국민책임교육을 실현하기 위해 고등학교 교육의 의무화와 수업료 전액 면제, 대학등록금의 국가 지원율을 2020년까지 70% 정도로 높여야 한다고 말했다.

그러나 그의 주장에 따른 행동을 발견하기는 어려웠다. 박원순은 서울시장 취임 직후 서울시립대학에서 반값 등록금을 실시했다. 그러나 경기도지사인 남경필의 국민책임교육제에 대한 뉴스나 경기도 내의 국공립대학에 대한 반값 등록금 실시에 대한 뉴스는 아직 없다. 또한 중고령층 책임교육 실시를 위해 예산 1조 원을 확보하여 조기 퇴직으로 인한 실업과 고령층의 일자리 문제를 해결해야 한다고 주장하였으나, 이와 관련된 공약이행 소식도 찾기 어려웠다.

그의 공약 이행에 대해 매체마다 엇갈린 평가를 내놓고 있다. 남경필이 도지사로서 90개의 공약을 내놓았지만 완료된 것은 9가지뿐이라는 의견부터,[14] 핵심 공약이 줄줄이 실패했다는 평가까지 나왔다.[15]

연일 일자리 창출 70만 개를 장담했던 공약도 취업자 수 비중이 기타 광역지자체에 비해 줄어들어서 난감한 상황이라고 한다. 반면에 한국매니페스토실천본부는 그의 야권 및 교육청과의 연정 지속 노력에 높은 점수를 부여했고, 따복공동체 사업의 실효성을 높이기 위한 노력을 높이 평가해 공약 실천 최우수 자치단체장으로 선정하기도 했다.[16]

2) 법을 잘 지키는가?

법을 잘 지키는지에 대한 3가지의 사례를 소개하겠다. 하나는 누리과정 예산에 대한 경기도지사로서의 태도이고, 둘은 성남시의 무상복지를 고발한 것과 공무원노조에 대해 취한 행동이다. 그는 법과 제도에 의한 문제 해결을 강조해왔는데, 법에 명확히 언급된 중앙정부 예산과 지방예산의 사용에 대해서는 모호한 입장을 취했다.

누리과정은 박근혜 정부가 만 5세까지 국가 무상보육을 공약한 정책이다. 시행 주체가 정부이고 지자체는 대신 집행하는 과정인데, 이 예산은 명확히 국가 예산으로 시행되어야 할 부분이다. 그런데 그는 이 과정을 법적으로 다투기보다 대화와 협의로 결정하자는 식으로 해결하고자 했다. 남경필은 법이 힘 있는 자의 편에서 움직일 때 원칙에 따라 법을 적용하기보다는 상황과 미봉책을 사용했고, 이것을 해결책이라고 말했다.

"보육대란을 일으켜야 됐는지, 아니면 저의 제안처럼 일단 문제를 해결해 놓고, 대란부터 막아 놓고 그 이후에 근본적인 대책을 한번 따져보자, 제가 상식적으로 판단할 때는 먼저 급한 불부터 끄고 대안을 마련하자, 이게 답일 거 같은데 참 이해가 안 됩니다."[17]

두 번째는 성남시의 3대 무상복지를 대법원에 제소한 일이다. 남경필은 스스로 국민 삶의 기본이 되는 것은 국가가 보장해주어야 할 책임이 있듯이, 교육도 국가의 책임이라고 자서전에서 이미 밝힌 바 있다. 그럼에도 불구하고 이 범주에 있는 성남시의 청년배당, 무상교복, 무상공공산후조리원 설치 운영에 대한 집행 정지를 대법원에 청구했다.[18] 이에 대해 이재명 성남시장은 남경필을 '정부의 하수인, 자치권 청부 자해'라고 강도 높게 비판했다.[19] 이런 태도에 대해 그의 '연정'도 진정성 없는 코스프레라고 날선 평가가 뒤따랐다.

세 번째는 경기도 공무원 연금 개혁과 관련해 2015년 4월 총파업에 참가한 공무원들에게 징계를 내린 점이다. 출근길에 공무원들에게 구호를 외치며 알리는 행위가 정상적인 공무원 노조의 활동이었음에도 징계를 했다. 또 징계의 문제점에 대해 논의하지 않은 채 경기도 인사위원회가 행정자치부의 요구를 그대로 들어 중징계를 강행한 점 등이 언론으로부터 비판받았다.

3가지 사례가 모두 법에 근거한 행위였지만 박근혜 정부의 영향력과 방향에 근거하여 결정을 내린다는 것도 볼 수 있었다. 법을 잘 지키느냐를 기준으로 보았지만 이 3가지 사례는 모두 약자를 어떻게 대우하느냐와도 연결되어 있다. 상대방이 강한 힘을 가지고 있을 때 그 권력의 입장에서 법과 상황을 판단하고 움직이는 것으로 판단된다. 또 상식과 합리를 중하게 여기는 발언을 많이 하지만 실제 결정하고 행동하는 것과는 여전히 거리가 먼 것을 발견할 수 있었다.

남경필이 사회사업학을 전공한 안정형인데 비해 사회적 약자에 대한 이야기는 많지 않은 편이다. 남경필의 자서전인 《시작된 미래》도 한나라당에서 자신의 역할이 어떠했는지에 대한 이야기가 80%를 차지한다. 보통의 자서전은 사회적 약자를 위해 한 행동이 주요 내용으로 채워지기 마련인데, 남경필의 자서전은 국회의원으로서 보낸 시간에 대한 내용이 주를 이루고 있는 것이다. 대표법안 발의도 수원·화성 개발, 새만금 추진 사업 지원, 비디오 자율심의, 대기업 출자 제한 같은 것들이 많다. 여기서도 약자에 대한 관심을 보여주는 발의나 행정적 결과는 눈에 띄지 않는다.

4

안정형 지도자와 정직성 변수 : 문재인

‖ 1. 안정형 에피소드

1) 공의와 완벽주의

여러 지면에서 문재인을 '원칙주의자'라고 표현한다. 심지어 그 자신도 자기를 원칙주의자라고 이야기한다. 그런데 그 원칙의 기준이 성과나 성장, 국익이라기보다는 '공동체에 대한 선의'가 더 강하다. 그 자신의 표현대로라면 '공의'이다.

안정형의 삶의 모토는 '우리 다 함께'이다. 혼자 잘 살면 미안하다. 가족 한 사람 한 사람 챙기고, 이웃도 챙긴다. 국가지도자로서 안정형은 국민 한 사람 한 사람을 챙긴다고 볼 수 있다. 문재인이 말하는 완벽주의라는 것은 계산이 정확히 일치하고, 계획대로 맞아 떨어져야 한다는 완벽주의라기보다는 이런 섬세함에 대한 완벽을 추구하는 것으로 보여 진다. 그 사람의 크기는 그 사람이 챙기는 구성원의 크기와 고민의 크기로 알아볼 수 있다. 문재인이 챙기는 사람은 인간이며, 고민은 그 인간이 사람답게 사는 세상이다.

2) 우리 다 함께, 연민과 공감 능력

문재인의 '원칙'의 특징은 안정형의 '다 함께'를 추구하는 점이다. 그의 저서인 《문재인의 운명》에는 안정형이 우선으로 두는 가치인 '다 함께', '공동체와의 연결', '갈등의 해소와 화합' 등을 추구하는 사례가 많이 등장한다.

문재인의 공감 능력은 어려움에 처한 사람에게서 두드러지게 나타난다. 동의대 사건에서 예기치 않게 발생한 화재와 결과 때문에 한 학생이 살인마로 낙인찍히고 비난 받은 일을 변론할 때였다. 그는 그 학생에게 사형 구형이 내려진 순간 눈물이 나서 잠시 휴정을 한 후에야 변론을 할 수 있었다고 한다.

그의 책에는 다른 사람들의 감정에 대한 공감을 표현한 대목이 자주 눈에 띈다. 다른 사람이 느끼는 고통이나 창피함, 모욕, 안타까움, 좌절에 대한 감정 이입이 본능적으로 일어나는 것 같다. 이러한 공감 능력은 법을 엄격히 적용해서 정의를 구현해야 하는 검사의 역할을 하는 데에는 오히려 저항을 느끼게 했다고 한다.

“검사 시보를 할 때 교통사고 치사 구속 사건을 배당 받았다. 검사 직무 대리로 사건을 처리하면서, 검사가 내 성격에 맞지 않는다는 판단을 하게 됐다. 갓난애가 딸린 젊은 부부가 블록공장에서 함께 인부로 일을 했는데, 트럭기사의 차에 아기가 치여 죽는 사고가 발생했다. 죽은 아기 부모의 사정도 딱하고, 구속된 운전기사의 사정도 딱했다. 그 운전기사도 고아 출신으로, 블록공장 사장의 호의로 그곳에서 차량을 운전하고 있는 가난한 청년이었다. 구속영장에는 차를 출발시킬 때 차량 밑을 살펴봐야 할 주의의무를 위반했다고 돼 있었다. 관념적인 판단일 뿐 실제 그 상황에서 어떻게 사고를 예상할 수 있겠는가? 부장검사와 차장검사를 설득해서 벌금액을 최소화하고, 분납까지 할 수 있도록 해주고 석방했다. 그 사건을 처리하면서 사람을 처벌하는 일이 내 성격에 맞지 않다고 느꼈다. 사람을 처벌한다는 일은 늘 부담스럽고, 마음이 불편했다. 식품위생법 위반 사건 같은 것을 처리할 때도 소행으로 보면 처벌해야 마땅한 일인데도, 막상 사정을 살펴보면 장애인이라거나 생계형 범죄라는 등의 딱한 사정 때문에 단호한 처벌을 결정하기 어려울 때가 많았다. 내 무른 성격 때문에 검사는 안 맞겠다고 생각했다.”[20]

“특별검사로 불리는 공소유지 담당변호사를 한 경험이 있다. 부산세관심리분실에서 발생한 세관원 고문 사건이었다. 내가 미워해 마지않는 고문을 처벌하는 일인데도, 나는 법정에서 엄벌을 구형하는 것에 마음이 편치 않았다. 20년 넘게 공무원으로 봉직한 사람이 형刑뿐만 아니라, 파면돼 퇴직연금도 받지 못하게 될 것이라는 사정 등이 딱하게 느껴졌다. 특별검사로 사건을 처리하는 와중에도 '변론 사유'가 자꾸 눈에 띄었다. 나는 어쩔 수 없는 변호사 체질이라는 생각이 들었다." [21]

형을 받는 사람의 입장에서 생각하게 되니, 냉정하게 원칙적으로 다뤄야 하는 검사의 입장에서는 오히려 마이너스 요인이 되었다. 이런 점이 문재인을 신중형이 아닌 안정형으로 판단하게 만든 중요한 요인이다. 법과 원칙보다 사람이 우선되는 가치이다. 그래서 이 점이 그를 유약하고 여린 인물로 판단하게 만들까봐 경계가 되기도 한다.

그러나 타인에 대한 감수성은 지성인이 가져야 할 최고의 덕목이라는 말이 있다. 도올 김용옥은 《중용, 인간의 맛》에서 "교육의 목적은 궁극적으로 세련된 감정의 소유자를 배양하는데 있다. 이성적 훈련은 너무도 당연한 기초과정일 뿐이다."라고 말했다. 문재인의 법 집행이 엄정하지 않다고 탓할 바가 아니라 약자의 편에서 법을 바라본다는 것에 방점이 있다.

3) 갈등의 조정과 화합

안정형의 화두인 안정과 평화는 개인의 내면적 안정과 평화뿐 아니라 외부 세계의 안정과 평화와 연결되어 있다. 외부 세계가 안정되고 평화로워야 자기 자신의 내면도 역시 편안할 수가 있다. 자신의 힘을 더해줄 수 있는 문제라면 적극적으로 나서서 갈등을 해결하고자 한다.

서해교전 희생 장병 가족들이나 고 남상국 사장 가족에 대해서 미안함으로 이후 간접적으로라도 도움을 주려 애썼다. 가난하고 싶지 않지만, 혼자서만 잘 살고 싶지도 않다는 그의 말처럼, 안정형은 모두 함께 행복해야 본인도 진심으로 행복할 수 있기 때문이다. 이렇게 나서서 영향을 주려 하는 점이 주도형과 비슷하다고도 볼 수 있지만, 근본 동기가 주도형과는 다르다. 주도형의 동기는 자신의 치적과 성과에 연결되어 있다. 그러나 안정형은 마음의 측은지심과 미안함이 먼저 일어난다. 평화와 안정을 추구하는 안정형의 우선순위를 잘 이해하는 것이 문재인을 이해하는 핵심이 된다. 그의 모든 말과 행동은 이 가치에 연결되어 있다.

4) 수동적 열정

문재인의 자료를 보면 다른 사람과 구분되는 독특한 표현이 2가지가 있다. 공감의 표현이 풍부하다는 것과 수동적인 표현이다. 어쩔 수 없이 그렇게 해야 하는 상황이 그의 주변에서 많이 일어난다. 그런 상황이 그의 주변에 많이 생기는 것도 사실이겠지만, 자기 결정을 어쩔 수 없는 상황으로 받아들이는 그의 성향이기도 하다. 자신이 원해서 한 일이라기보다는 의무감, 사명감이 더 크다. 수동성은 신중형과 안정형의 중요한 특징 중 하나이다.

안정과 평화를 추구하는 안정형의 성향 때문에 어려움에 처한 사람들은 그에게 물리칠 수 있는 대상이 아니다. 그러다 보니 그는 어쩔 수 없이 "마다할 수 없어서…."와 같은 상황이 빈번하다. 이는 그의 가치를 저버리지 못한다는 표현이기도 하다.

"처음부터 인권변호사의 길을 걸으려고 작정했던 것은 아니었다. 그러나 우리를 찾아오는 사건을 피하지 않았고, 그들의 말에 공감하면서 열심히 변론했다." [22]

"대통령 임기 마지막 해인 2007년 3월, 다시 대통령이 불렀다. 참여정부 청와대 마지막 비서실장을 맡게 됐다. 진심으로 맡고 싶지 않았고, 퇴임 후까지 생각해야 하는 자리임을 잘 알고 있었다. 솔직히 이제는 자유롭고 싶고, 내 자리로 돌아가고 싶었다. 하지만 대통령의 정치적 상황이 워낙 어려웠다. 이미 정권교체가 뻔히 예상되기도 했기에, 그럴수록 마무리가 더욱 중요했다. '그래, 우짜겠노. 대통령과 마지막을 함께 하자.'고 생각했다." [23]

어떤 일을 결정할 때, 내가 거절을 해도 상대가 타격이 없는 상황이라면 거절을 했을 것이다. 안정형은 상대가 어떻게 될 것인가를 고려하는 것이 자신보다 먼저이기 때문이다. 이렇다 보니 어려운 상황에서 일을 맡게 된다. 그리고 그 과정은 '어쩔 수 없이'가 되는 것이다. 맡은 이후는 그 일을 정상궤도에 올려놓을 때까지는 전력투구하느라 몸을 상하게 하기도 한다.

5) 은근과 끈기

성숙한 안정형은 한 가지 일에 대해서 꾸준하고 지속적으로 노력하고 시도한다. 문재인도 역시나 이런 모습을 보인다.

"1993년 천주교인권위원회 등이 중심이 돼 '천주교조작간첩진상규명 대책위원회'가 만들어 졌다. 많은 신부들이 참여했고, 군부 독재 시절 공안 통치를 위해 조작했던 간첩 사건들에 대해 처음으로 사회적 문제제기를 한 것이다. 1차에서 뜻을 이루지 못하고 2차 재심 청구를 1999년 7월에 했다. 그러나 부산고법이 재심 개시 결정을 취소했다. 3차 재심 청구는 '신실 · 화해를 위한 과거사 정리위원회'의 진실규명 결정을 기다려야 했다. 결국 내가 청와대에서 퇴임하고 다시 변호사로 복귀한 후인 2009년 2월 또 다시 재심 결정을 받아냈다. 그리고 2009년 8월 무죄 판결을 받았다. 간첩으로 유죄 판결을 받은지 20년 만에, 처음 재심 청구를 한지 15년 만의 일이었다." [24]

‖ 2. 정직성의 단서들

1) 자신의 삶에 엄격함

먼저 그가 원칙주의자라고 불리는 몇 가지 사례를 들어보자. 그의 원칙은 공무를 하는 개인으로서 청렴과 수신제가修身齊家의 성격을 띤다. 시국사건과 재야민주화 운동을 하면서 정치적 탄압의 대상으로 노출되어 있었다. 그렇기 때문에 그는 2가지를 각별히 신경 썼다. 스스로 깨끗해야 했고, 삶 자체가 도덕적이어야 했다. 예를 들어 골프장 건설을 강력하게 반대하는 환경운동가들을 지지하면서 다른 한쪽으로 골프를 친다는 것은 용납할 수 없는 일이라고 생각했다. 그래서 그는 지금까지 골프를 시작하지 못했다고 한다. 자신의 말과 행동을 일치시키려는 흔적을 볼 수 있다.

이렇듯 그의 원칙은 수신제가로 시작해서 치국治國에 이른다. 원칙을 위한 원칙이 아니라 그 원칙이 지켜졌을 때의 영향과 공의를 생각한다. 일반적인 상식 수준의 자기관리보다 더 촘촘한 그물을 가진 원칙으로 자신뿐 아니라 가족, 조직의 구성원까지도 엄정하게 적용을 했다. 이러한 그의 태도가 있었기에 이명박 정권의 '보복수사'라는 말을 들었던 검찰의 손에 희생되지 않을 수 있었다고 판단된다.

2) 성찰과 겸손

자서전은 2가지 부류가 있다. 하나는 자신이 한 일을 드러내서 인정받고, 세상에 나갈 준비가 되어 있다는 것을 보여주기 위해 작성된 글이다. 나머지 하나는 자신을 버리고 세상을 떠나면서 자신의 삶을 되돌아보며 자신이 한 일에 대한 해명과 알려지지 않은 점들을 밝혀 증거로 남기기 위한 글이다. 첫 번째 것은 주로 자신이 잘 한일과 장점으로 드러날 수 있는 점들에 대해 적는다. 두 번째 것은 주로 자신이 아쉬웠거나 일 처리 시 부족했던 부분과 밝힐 수 없었던 이유들이 담긴다.

문재인이 쓴 자서전은 그가 대선의 유력한 야권 후보라는 점을 고려할 때, 세상에 나오기 위한 책이다. 그러나 그 내용은 두 번째의 특성, 아쉬움과 지난 일에 대한 해명, 회고의 특성이 더 강하다. 물론 고 노무현 전 대통령과 정권의 핵심에서 일을 했으니, 참여정부에 대한 회한과 성찰이 비중 있게 다뤄진 점은 이해할 만하다. 그러나 자신은 여전히 현재 진행형이고 차기 대선에 회자되는 인물로서 특이한 점이기도 하다. 주로 고인을 내할 때 자신의 잘못한 점, 더 적극적으로 하지 못한 점, 미안한 점 등이 더 빈번하게 표현되고 있다. 이런 특징은 그가 안정형인 점과 무관하지 않다.

위에서 언급한 바대로 안정형은 환경보다 자신을 작고 약한 위치로 인식한다. 달리 말하면 겸손하다. 그리고 어떤 사건의 결과에 대해서 스스로에게 책임을 묻는다. 좋은 결과가 나오면 운이 좋아서라거나, 다른 사람이 많이 도와줘서라고 표현한다.

안정형인 문재인은 어떤 일을 맡기 위해 결단하기까지 어려움과 고뇌의 과정을 거친다. 그 과정은 자기 희생에 대한 각오의 과정이다. 그리고 일단 맡은 일은 철저히 스스로에게 책임 지운다. 이런 장면에서 나를 잘했다고 내세우지 않는 겸손함과 스스로를 돌아보는 성찰이 시스템으로 작동하고 있다는 것을 발견할 수 있다.

‖ 3. 미래 예측과 향후 발전 방향

전북대 교수 강준만은 《강남좌파》에서 《문재인의 운명》을 읽고 이렇게 말했다.

"문재인의 청렴하고 고결한 인품을 확인시켜주는 책이다. 저절로 고개가 수그러질 정도로 그는 훌륭한 사람이다. 그러나 그는 정치를 순박한 시골 소년처럼 바라보고 있어서 그가 과연 대통령 비서실장을 포함해 참여정부에서 맡았던 요직에 적합한 인물이었는가는 달리 볼 수도 있겠다."[25]

문재인에 대해 조금만 알아보면 청렴결백하고 흠 없는 삶을 살아온 훌륭한 인물이라는 것을 알 수 있다. 4년 전에 비해서 끊임없이 견제당하고 공격받는 야권 후보로서 맷집도 단단해 진 것을 알 수 있다. 그러나 현실 정치는 만만치 않다. 고결함을 그대로 놔두려 하지 않는다. 간악한 사술이 판치는 현실 정치에서 자신의 도덕적 완결성에 발목 잡혀서 정작 펼치고 싶은 정책들을 흔들림 없이 펼칠 수 있을까 하는 염려를 지울 수가 없다.

그도 "그래! 그게 뭐 어때서?"라고 담대히 받아치기도 해야 한다. 한발 빗나가고 어긋나도 할 말은 하는 모습이 필요할 때도 있다. 자신의 행보를 가기 위해서 욕 먹을 것을 각오하고 공격에 맞서야 한다.

흔들리니까 흔드는 것이다. 그는 탄핵정국 이후 진행된 대선 후보 지지율 조사에서 1위를 달렸다. 좀 더 담대히 자신의 길을 갈 필요가 있다. 흔들더라도 흔들리지 말아야 한다.

5
안정형 지도자와 정직성 변수 : 박원순

‖ 1. 안정형 에피소드

박원순의 얼굴을 보면 동네 편의점 아저씨처럼 푸근하면서도 고집이 만만치 않아 보인다. 외적인 모습으로 DISC 판단을 해보면 전형적인 S형의 온화한 표정을 가졌다. 그는 말의 속도가 그리 빠르지 않고 천천히 이야기한다. 그와 오랫동안 알아온 지인은 “말을 아끼다 못해 어눌해 보이기까지 했고 앞자리보다는 뒷자리에 앉기를 고집했다.”[26] 고 그를 표현한다. 그가 걸어온 길과 문제 해결 방법, 그리고 이루어 내고 싶은 비전이 어떤 것들인지 살펴보겠다.

1) 사람이 먼저, 모두 다 함께 행복할 수 있도록

안정형은 인생의 화두가 모두 함께.행복한 삶이다. 그 초점은 잘살게 만들어주는 것보다 고통 받고 억울한 사람이 없게 만들어주는 것이 먼저다. 그래야 모두 함께 행복할 수 있기 때문이다. 그는 "정치는 국민의 눈물을 닦아주는 것."이라고 말한다. "행정가의 중요한 역할은 법치주의의 확립이지만, 무엇보다 우선해야 할 가치는 단 1명의 시민도 가난 때문에 혹은 약자라는 이유로 부당하고 억울한 일을 당해서는 안 된다."는 것이다.[27]

법치주의와 휴머니즘이 충돌할 때 인정 없는 법치가 아닌 평화적인 갈등 해결을 위한 방법을 고민한다. 서울 시청광장에 쌍용자동차 노동자들이 농성할 때 도로교통법 위반으로 단속하지 않고 방치하느냐는 민원을 받았을 때, 그는 "이 문제는 절대 개인의 문제가 아니다. 이 절박한 상황에 있는 사람들을 도로교통법 위반으로 추운 겨울에 쫓아내는 것이 도로교통법의 입법 취지는 아니다."라고 이야기 했다.

그의 공약과 업적을 보면 대부분 사람에 대한 걱정과 염려로 만들어진 것으로 보인다. 등록금 걱정을 덜어주려고 공약으로 내걸었던 서울시립대학 반값 등록금을 실행했고, 아이 맡길 데가 없어서 고민하는 엄마, 아빠를 위해 국공립 어린이집을 매년 100개씩 늘려갔다. 그의 관심이 어디 있는지 잘 알 수 있다.

박원순은 동기 부여하는 방식도 사람을 챙기는 것으로 시작한다.

열심히 일하는 공무원들의 기를 살려주기 위해 가족들을 시장실에 초청해서 함께 사진도 찍으면서 가족들에게도 인정받는 공무원이 되도록 배려해준다. 그는 서울시장으로서 약속한 공약이 지켜지기 위해서는 공무원을 신뢰하고 장점을 인정하는 것이 중요하다고 생각한다.

2) 나눔과 연대, 그리고 공동체

안정형의 화두에서 사람들과 연대하는 것은 빼놓을 수 없는 가치이다. 안정형에게는 혼자 열 걸음보다 여럿이 한 걸음이 훨씬 중요하다. 박원순은 그동안 '시민의 힘으로 세상을 바꾼다', '1퍼센트 나눔', '나눔과 순환' 등의 슬로건을 강조해왔다. 여러 사람이 함께 참여하고 연대하는 프로젝트도 많이 진행해왔다.

그가 추구하는 새 정치의 핵심은 소통과 참여, 거버넌스Governance, 공공경영이다. 정책을 입안할 때부터 시민, 전문가와 함께 참여하는 것이다. 이런 참여를 이끌기 위해서는 시간이 많이 걸리고 정책의 속도는 줄어든다. 모두 우리 편으로 만들어 가는 과정에 시간이 걸리기 때문이다. 그러나 일단 정책이 완성되면 실천력와 추진력은 폭발적이 된다. 오히려 반대와 어려움은 줄게 된다. 안정형은 이런 참여와 연대의 과정을 통해서 적이었던 사람이나 반대했던 사람까지도 우리 편으로 만들어 원하는 일을 해낸다.

안정형은 특히 자신과 연결된 인간관계를 매우 중요하게 생각한다. 안정형 지도자는 이 인간관계에 대한 관심이 사회적인 연대, 즉

공동체로 확대되어 나타난다. 박원순도 공동체를 매우 중요하게 생각한다.

"공동체가 붕괴되면, 실직, 범죄, 자살 등 모든 책임이 개인에게 떠맡겨집니다. 그래서 1인당 국민 소득이 과거에 비해 올랐는데도 삶의 질은 떨어지는 거죠. 공동체가 붕괴되면서 개인의 책임은 커지는데 감당할 능력이 안 되니까 사회는 점점 후퇴하고 삶의 질도 떨어지는 거예요."[28]

3) 말하기보다는 듣기가 먼저인 커뮤니케이션 방식

우리 편으로 만들기 위해서라면 그들의 이야기를 들어야 한다. 그는 서울시 직원에게 정책을 추진할 때 가장 반대하는 사람의 말을 먼저 들으라고 한다. 안정형은 말하기에 앞서 먼저 듣는다. 박원순은 정책에 대해 시민들에게 먼저 듣는다. 이런 그의 행동유형은 정책에도 반영되어 실천되었다. 시민들의 관심이 높은 정책은 이해 당사자들을 모아놓고 의견을 듣는 '청책聽策 토론회'를 열어 먼저 듣는다. 또 서울시청 지하 1층에 '할 말 있어요' 코너도 그 예가 된다. 시민 누구나 마이크에 말을 하면 그 내용이 자동 녹음되어 관련 부서에 전달되고 담당자들이 조치를 취한다. 이렇게 '응답하는 서울시'로 정책을 운영한다.

4) 세상과 환경을 우호적으로 보고, 모두 우리가 될 수 있도록

안정형은 유독 온화한 미소를 짓고 있다. 그 이유는 세상과 환경이 자기에게 우호적이라고 판단하기 때문이다. 박원순 역시 나를 공격하고 방해하는 세력을 적대적으로 보지 않고 협력하고 포용해야 하는 사람들로 본다.

절망스럽고 어려움이 크며 막막해보여서 힘든 상황에 대해서도 긍정적으로 시각을 전환한다. 2012년 대선이 끝나고 박근혜 정부가 탄생했을 때 서울시의회는 새누리당 의원이 장악한 상황이었다. 자신이 생각하는 서울시정을 펼치는데 반대와 장애가 컸던 어려운 상황에서 그는 이렇게 말한다.

"긍정적으로 생각하면 세상에 이렇게 좋은 시절이 어디 있겠어요? 제가 만약 1950년대나 1960년대에 서울시장이 됐다면 어땠을까요? 정말 힘든 일이 많았겠죠. 지금은 어느 정도 경제적 수준이 높아졌고, 인프라도 대부분 잘 완비되어 있잖아요. 우수한 공무원들이 있고, 깨어 있는 시민사회도 있죠."[29]

또 공무원에 대한 부정적 시각보다는 관료 시스템의 장점을 인정하고 그들을 신뢰해야 한다고 말한다. 지금까지 개혁론자들이 실패한 이유는 공무원들을 적대적으로 만들었기 때문으로 본다. 안정형은 기본적으로 인간에 대한 신뢰를 인간관계의 근간으로 삼고 다른 사람의 행동을 선의로 해석한다. 따라서 전임 시장이 추진했던 '무능 공무원 3퍼센트 퇴출'같은 제도는 서로 불신하는 풍조를 조성하고 공무원을 긴장시키며 수동적으로 행동하게 하는 부정적인 발상이라고 비판했다.

세상과 사람을 우호적으로 보는 시각은 선거 당시 상대 후보에 대해서도 우호적인 태도로 나타난다. 나경원 후보와의 TV 토론에서 더 세게 공격하라는 주변의 주문에 대해 "나경원 후보가 나쁜 사람인가요?"라고 되물었다고 한다. 상대를 비판하고 공격해야 하는 선거 판에서 상대 후보에 대해 거칠게 공격하는 것이 안정형에게 쉬운 일은 아니다. 자신의 본성에 없는 부분이기 때문이다.

5) 즐거운 근면, 기본에 철저히

박원순의 인터뷰 자료를 보면 '재미'라는 단어를 많이 사용한다. 박원순의 재미는 꾸준하고 싱실하게 무언가를 이뤄내는 즐거움을 의미한다. 이 꾸준하고 성실하고 끈기 있는 집요함은 안정형에게 나타나는 대표적인 특징이다. 그는 이 근면을 즐거운 근면으로 만드는 재주가 있다고 말한다.

그의 취미가 파일정리인 것은 유명한 이야기이다. 시장실의 벽면은 스크랩한 파일이 정리되어 있고 그 방식은 꼼꼼하다. 자기가 살아가야 할 방향을 역사를 통한 성찰로 잡아가기 때문에 기록을 남기는 것을 매우 중요하게 생각한다. 그리고 이런 꼼꼼한 자료 정리와 기록이 미래를 예측하는 근거가 되고 그에 기초한 예측 행정이 가능하다고 본다. 그는 과거와 미래를 연결한 지점에 자신이 있다고 생각하며, 미래를 향한 한걸음은 계획적이고 꾸준하다. 탄탄한 자료를 바탕으로 안정감 있는 한걸음을 내딛는 것이다.

그가 보도블록 10계명을 만들어서 보도블록 문제를 해결한 사례는 안정형이 기본에 충실한 모습을 잘 보여준다. 보도블록 문제를 완전하게 해결해서 2013년 보도블록 엑스포까지 열었을 정도로, 일단 한 가지 정책에 손을 대면 완전히 해결할 때까지 깊게 파고드는 점은 안정형의 면모다. 이런 자신을 두고 박원순은 "제가 좀 쫀쫀합니다." 라고 이야기한다. 쫀쫀한 것이 큰 것이다. 정밀 행정이 미래 행정이라고 할 수 있다.

‖ 2. 정직성의 기준이 되는 단서

약자를 어떻게 대하는지, 법을 잘 지키는지, 돈과 시간을 자신을 위해 쓰는지, 타인을 위해 쓰는지는 정직성의 단서를 찾는 기본 기준이 된다. 그런데 박원순은 이런 기준 외에도 정직성의 단서로 삼을 수 있는 여러 면모를 보여서 함께 살펴보았다.

1) 약한 자를 어떻게 대하는가?

그는 서울시장으로 활동하기 이전에 인권 변호사로서 대한민국 사회 전반의 인권과 민주주의를 향상시키려고 노력했다. 자신에게 돌아올 불이익을 감수하고 타인의 삶을 향상시키려 어떤 노력을 하였는지가 약한 자를 대하는 분명한 증거가 될 것이다.

그는 변호사로 번 돈을 바탕으로 1986년 역사 문제 연구소를 창립하여 우리 역사의 올바른 방향을 제시하고자 노력했다. 또 1994년 시민들이 자발적으로 권력을 감시하고 사회 개혁을 위한 정책과 대안을 제시하는 참여연대를 설립했다. 이후 기부문화를 일으킨 아름다운 재단과 윤리적 소비와 재활용을 통해 지역사회와 청년, 소기업 지원 운동을 했다. 이러한 공로로 만해상, 막사이사이상을 수상하기도 했다. 이러한 사례는 그가 타인의 삶에 어떻게 기여하고자 노력했는지를 보여준다. 서울 시장으로서 약한 자를 어떻게 대하는지는 안정형의 에피소드에서 소개됐다. "서울 하늘 아래서 단 한 사람이라도 억울한 사람이 있어서는 안 된다. 단 한 사람이라도 한뎃잠을 자서는 안 된다. 단 한 사람이라도 끼니를 걸러서는 안 된다."[30]는 말이 행동으로 옮겨졌음이 확인된다.

2) 개방적인 태도

개방성은 정직성의 중요한 단서이다. 특히 다른 사람에게 자신의 정보나 생각을 투명하게 공개할 수 있다는 것은, 공개하지 않음으로써 얻을 수 있는 이익에 대해 허심탄회하고 욕심 없음을 의미한다. 박원순은 정보 공개 3.0 정책을 펴서 투명함과 책임성의 2가지 화두를 담보하려고 한다. 정보 공개 3.0은 서울시가 갖고 있는 데이터를 시민들이 필요에 따라 자유롭게 가공할 수 있도록 해주는 정책이다. 정책의 투명성에 자신이 없으면 이런 정보 공개는 엄두도 못 낼 일이다.

박원순의 개방적인 태도는 정보를 개방하는 것뿐만 아니라 뉴타운 정책처럼 찬성과 반대로 주민들이 서로 반목하고 갈등하는 상황에서도 발휘된다. 뉴타운 출구 전략을 만들어서 서울시의 성과로 끌고 가는 것이 아니라 주민들의 의사에 맡겨서 해결해냈다. 그동안 시공을 담당한 건설사나 서울시가 너무 낙관적인 내용으로 주민들을 현혹했던 면을 배제하고, 주민들이 실상을 제대로 알도록 철저히 주민들의 이익을 고려해서 객관적인 정보를 제공해 믿음을 주었다.

3) 겸손하고 수용적인 태도

고 조영래 변호사는 박원순에게 가장 큰 영향을 준 사람이다. 그는 "조영래 선배가 살아 계셨다면 제가 지금 이렇게 서울시장이 되지 않았을지도 모릅니다. 조영래 선배가 살아 계셨다면 그분이 앞장을 서고 우리는 뒤에서 도와드렸을 테니까요."[31]라고 말하며 조영래 변호사와의 관계를 밝혔다. 다른 사람의 조언에 귀 기울이고 그 말을 따르고 모델로 삼는 것은 안정형의 중요한 특징이다. 다른 유형도 멘토가 있겠지만 자신의 인터뷰에서 얼마나 중요한지를 말하는 비중은 다르다.

안정형은 그 자신이 영웅이라기보다 영웅을 모델로 삼고 닮아가는 것을 자기 삶의 과정으로 본다. 박원순을 가리켜 '살아 있는 조영래'라는 인터뷰어의 말에 그는 "천만의 말씀입니다. 저는 그분에 한참 못 미쳐요. 어려움에 처할 때마다 조영래 선배라면 어떻게 했을까 생각해보는데, 늘 제가 너무 부족하다고 느끼죠."[32]라고 대답하기도 했다.

또 이전 서울시장의 부실 행정의 결과로 평가받는 사업들을 해결하는 과정에서도 박원순의 겸손함이 나타난다.

"빨리 빨리 지어서 외형만 그럴싸하게 대충 만들면 결코 감동하지 않습니다. 인내심을 가지고 정밀하고 치밀하게 작업해야 감동을 받죠. 임기 내에 조급하게 끝내려는 욕심을 버려야 합니다. 날림이 될 가능성이 많으니까요. 100년 후를 내다보고 정밀하게 해나가야 합니다. 박원순 시장이 했다는 생색이 안 나면 어떻습니까? 한꺼번에 보여주려고 큰 프로젝드에 너무 배몰되는 건 바람직하지 않아요."[33]

4) 돈과 시간을 누구를 위해서 사용하는가?

신발 사진 1장이 인터넷을 후끈 달아오르게 한 적이 있다. 바로 사진작가 조세현이 찍은 박원순의 신발 사진이다. 뒤축이 떨어진 그의 신발은 시민운동가로서 숨 가쁘게 살아왔던 그의 인생행로와 서울시장으로서 열심히 뛰어 다닌 삶을 압축적으로 보여줬다. 검소함은 정직성이 높은 사람들의 특징이기도 하다. 정직성이 낮은 사람들은 자신의 재산과 부, 지위를 과시하며 타인을 이용하고 착취하여 자신의 이익을 챙기려고 하기 때문이다. 박원순의 오래 신어서 늘어난 헐렁한 양말과 단이 뜯어진 바지, 뒤축이 헐어버린 신발은 그가 살아온 여정과 잘 맞아 떨어진다. 평소에 이렇게 안 살았던 사람이 완벽한 구색으로 사진을 찍었다고 하기엔 억지스럽고, 그러기엔 그가 너무 바빠 보인다. 오히려 뭔가에 집중해 있는 사람이기에 신경을 못 쓰고 바쁘게 산 증거로 해석하는 것이 자연스럽다.

정치인이 되는 것을 희망하는 한 청년에게 보낸 답장에서 그의 정치인으로서 검소함과 철학을 엿볼 수 있다.

"정치란 자신이 굶고 남을 배불리 먹게 하는 것이며 늘 고통 속에 있는 사람들을 챙기는 것이다. 그렇게 하는 사람이 정치인이다. 정치인의 자세가 무릇 그래야 좋은 세상을 만들 수 있다. 나보다 남을 먼저 생각하는 정치를 해야 세상을 바꿀 수 있는 힘을 가진다."[34]

한두 번의 검소한 행동은 가능하다. 그러나 이를 지속적으로 실행한다면 그것은 그 사람의 진정한 모습인 것이다.

5) 법을 잘 지키는가?

박원순은 그동안 사람을 아끼고 사람이 먼저라는 안정형의 특징을 잘 보여주었다. 그러나 사람을 고용하고 적재적소에 배치하는 인사에서는 이런 인정이 통하지 않는다. 자신의 스타일을 잘 알고 정책을 해나가는데 최적의 인물이라도 이전 조직에서 사람을 빼오지 않는다는 원칙을 만들어 실행한다. 그리고 필요한 분야에서 최고의 전문가를 모시고 와서 모두 맡기고 책임지도록 한다. 그는 오연호와의 인터뷰에서 "아주 친하거나 정말 어려운 사람의 부탁이라도 인사 문제는 들어주지 않아요. 어떤 자리가 있으면 그곳에 가장 잘 맞는 최고의 사람을 써야 하니까요. 어떤 기관장은 최적임자를 찾느라 제가 거의 1년을 고르고 또 골랐습니다."라고 말하기도 했다.

‖ 3. 박원순의 미래 행보와 정책

이재명과 같은 자치단체장이지만 서울시의 규모는 성남시와 비교가 안 될 정도로 크다. 그 규모의 차이를 염두에 두더라도 두 시장의 정책 실행과 방향은 여러 면에서 차이가 있다. 이재명은 주도형으로서 정책 하나를 실천하더라도 눈에 띄고 가시적인 결과물로 표현하고자 한다. 원래 주도형은 건설이나 건축 같은 물질적 성과를 중시하지만 이재명은 성남시의 비전과 필요성에 맞춰서 건설이나 건축 대신에 복지를 가시적인 성과로 만들어 놓았다. 이와 비교해서 박원순은 결과물보다는 느리더라도 주민들의 합의와 참여의 프로세스를 닦아 놓았다고 볼 수 있다. 불만 있는 사람의 의견을 들어주고 억울함을 해소하면서 기반을 다져 놓았다. 이와 같은 행보가 이재명에게도 있지만 무게 중심은 다르다. 무엇이 더 좋고 덜 좋고 가 아니다. 두 시장의 행동유형이 다른 것이다. 이재명이 방향이 분명하면서 결과도 맺는 잣나무 같은 유형이라면, 박원순은 새들도 쉬어가고 넓은 그늘을 드리워 쉼터를 만들어주는 느티나무와 같은 유형이다.

박원순은 안정형의 기반에서 주도형적인 특성을 발휘할 필요가 있다. 하나의 날개를 더 다는 것이다. 지하철 9호선의 일방적인 요금 인상에 대한 박원순의 대응은 주도형적 특성을 발휘한 좋은 예가 된다. 그는 "지하철 9호선의 요금 인상은 불법행태여서 결코 용납할 수 없다."고 했다. 그리고 요금 인상을 강행한다면 사장 해임, 사업자 취소를 검토하겠다며 강경하게 나갔다. 여기에 박원순은 지하철 9호선이 서울 시민을 상대로 겁을 준 것이나 다름없다며 서울 시민에게 사과하라고 요구했다. 지하철 9호선은 박원순의 강경 대응에 요금 인상안을 보류했고, 서울시에 사과하겠다고 밝혔다. 하지만 박원순은 서울시가 아니라 서울 시민에게 사과하라며 지하철 9호선을 압박했다.[35] 이와 같은 강하고 확신에 찬 대응은 안정형 리더의 약점이 될 수 있는 유한 면을 보완하고 강화해준다.

메르스 사태에서 보여준 서울시장으로서의 책무를 다하는 모습, 박근혜 탄핵을 위한 촛불집회에서 강경한 어조로 탄핵을 주장하고 민주당의 참여를 요구하는 목소리를 내는 모습 등에서 시민들의 지지가 높아진 바가 있다. 그는 "지지율을 염두에 두지 않는다. 촛불에 담긴 국민 민심을 묶는 일이 내 책임."이라며 홍보 없이 12번이나 광화

문광장에 나타났다.[36] 자신을 던지는 지도자의 모습에서 국민들은 진심을 본다.

6
안정형 지도자와 정직성 변수 : 반기문

‖ 1. 안정형 에피소드

반기문의 얼굴 표정과 말투, 지향하는 가치 등을 보면 전형적인 안정형으로 판단된다. 주변 사람들과의 관계를 조화롭고 평화롭게 맺을 듯한 미소, 꼼꼼하고 세심한 일 처리를 상징하는 안경. 이 2가지 요소가 안정형을 대표하는 상징이기도 하다.

1) 꾸준하고 성실한 태도와 일 처리

반기문을 설명할 때 가장 많이 소개되는 일화는 그가 얼마나 꾸준하고 성실한 태도를 가졌는지를 보여주는 것들이다. 먼 길을 마다않고, 충주 비료공장의 미국인 기술자 부인을 꼬박꼬박 찾아가서 영어를 배운 일은 널리 알려져 있다. 가정 형편이 어려웠을 때 돼지를 치고 집안일을 거들면서도 자투리 시간을 이용해 꾸준히 공부를 하면서 좋은 성적을 얻었다고 한다. 이런 성실한 면은 그의 삶 전반에 걸쳐 그가 어느 조직, 어느 자리에서 일을 하든지 신뢰와 인정을 받을 수 있는 기반이 되었다.

성실하고 근면하게 일을 하고 솔선수범하는 면은 외교부에서 승진이 가장 빠른 사람으로 만들어주었다. 상급자의 지시가 있기 전에 미리 일을 알아서 했고, 꼼꼼한 일 처리 때문에 외교부에서는 "반潘의 반半만 해라."라는 말이 생길 정도였다. 사소한 서류 하나라도 직접 챙기는 업무 처리 방식 때문에 '주사'라는 별명을 얻기도 했으며, 최고 위직에서 일할 때도 이런 꼼꼼함은 달라지지 않았다.

2) 철저한 자기관리와 책임감

자기관리와 일에는 철저하다 못해 가혹하기까지 해서 '외유내강강'이라는 별칭이 붙었다. '겉은 부드럽고 속은 강하다'는 외유내강만으로는 반기문을 표현하기 부족해서 강에 단단할 강이 하나 더 붙은 것이다.[37]

그를 인터뷰한 톰 플레이트Tom Plate는 60대 중반의 나이임에도 불구하고 10대처럼 빠르고 조용히 문자를 보낼 수 있고, 회의 중간에 스마트폰으로 직원에게 업무 지시를 내리는 등, 각종 첨단 기기를 능숙하게 사용하는 모습이 참으로 인상 깊었다고 한다.

유엔 사무총장이 된 후 살인적인 스케줄과 업무량을 소화하면서도 정상회의나 연설 때 필요한 자료를 모두 검토하고 들어간다고 한다. 그가 자신의 역할과 직분에 얼마나 충실한지를 보여주는 많은 에피소드가 있지만 반기문 스스로가 한 말이 가장 강력한 증거가 될 것 같다.

"래리 서머스Lawrence Summers, 전 하버드대학교 총장이자 클린턴 행정부와 오바마 행정부에서 일했던 일류 경제학자가 클린턴 대통령과 오바마 대통령을 비교한 적이 있습니다. 클린턴이 10시 백악관 회의에 제때 나타난 비율은 30퍼센트지만, 오바마는 90퍼센트였다고 합니다. 클린턴이 다음날 자기가 주재할 회의 주제에 관한 문헌을 읽었을 가능성은 아주 낮고, 오바마가 미리 자료를 읽었을 확률은 70퍼센트 정도입니다. 저의 경우에는 회의를 주재하기 전에 100퍼센트 어김없이 모든 자료를 읽습니다. 시간을 지키는 비율은 97퍼센트입니다. 저는 항상 규율이 잘 잡혀 있습니다. 규율을 지키는 점에서 저를 능가하는 사람은 아무도 없습니다." [38]

안정형은 평화와 안정을 추구하기 때문에 내면의 평화가 깨지는 상황을 가장 꺼려한다. 회의 전에 모든 현안을 검토하고 연설문과 카드를 모든 주머니에 채우는 행동은 돌발적인 질문에 당황하고 불안해 할 것을 미리 대비하는 것이다.

3) 주변과의 조화와 화합을 위한 노력

안정형은 상급자나 동료와의 관계를 중요하게 생각한다. 그래서 윗사람의 조언을 잘 받아들이고 동료나 부하직원과의 인간관계에서 문제가 생기지 않도록 신경을 쓰고 관리한다.

동기들보다 늘 승진이 앞서고 1년에 3번이나 승진할 정도로 인정을 받아서 주변의 질투가 많을 수밖에 없는 상황이었지만, 반기문은 편지로 선배들보다 먼저 승진하게 되어 미안하고 송구하다는 마음을 전해 주변 사람들과 동료로부터 진심어린 축하를 받기도 했다.

자신을 낮출 줄 알았고, 지위가 높더라도 상대에 대한 배려가 몸에 배어 있었다. 잘못된 부분이 있어도 화를 내며 소리를 지르거나 면박하지 않고, 무엇이 문제이고 어떻게 수정해야 하는지를 차분히 설명해주었다. 그래서 윗사람이나 아랫사람 모두 그와 함께 일하는 것을 반겼다.

이런 주변과의 화합을 기울이는 스타일은 외교 스타일로도 나타났다. 유엔 사무총장으로 취임 후 한 연회에서 자신을 소개할 때 "한국에선 '기름장어'로 통했지만 뉴욕에선 '테플론 외교관'이란 새로운 별명을 얻었다. 나는 여러분의 어떠한 공격에도 잘 피해나갈 자신이 있다."라고 말했다. 이 모호한 답변은 적을 만들지 않는 그의 화술을 유머러스하게 보여준다.[39]

4) 상대방을 우호적으로 보고 외부 세계보다 자신의 힘을 약하다고 인식함

안정형은 상대방에 대해 우호적으로 인식하고 자신보다 외부 세계가 강하다고 생각한다. 그래서 거의 대부분 표정이 온화하고 상대보다 자신을 낮추고 겸손한 태도를 취한다. 안정형의 이런 특성은 반기문이 해외 언론으로부터 유엔사무총장 취임 초기에 집중 포화를 당하는 이유가 되기도 했다.

서구 언론은 강하고 카리스마 있는 스타일을 좋아한다. 그러나 반기문은 그렇지 않았다. 언론은 유엔 사무총장의 카리스마 있는 한방을 원했다. 하지만 반기문의 연설은 화려한 미사여구를 잘 사용하지 않고 이목을 끌만한 양념이 별로 발견되지 않아서 귀에 잘 들어오지 않을 만큼 조용하다고 평했다. 근면과 실적으로 평가받고 싶다는 반기문의 기대와 달리 언론의 집중적이고 혹독한 평가에 시달렸다.

반기문의 안정형 스타일은 강대국과 독재자에게도 적용되어서 그들을 우호적으로 대하고 대화와 타협으로 문제를 해결하고자 했다. 독재자에게 유화적인 제스처를 통해 대화의 장에 나서도록 한 겸손하고 조용한 외교 스타일은 언론의 집중 포화를 맞았다. 안정형이 화합은 잘해도 싸우고 적을 아우르는 것에는 취약한 면이 있다는 것을 다시 한번 확인할 수 있다. 이런 평가에 대해 반기문은 평화와 안정을 위해서 사용하는 전략이라고 강변한다. "유엔은 예방외교, 조정, 대화 촉진에 집중하고 있습니다. 분쟁 당사자들 사이를 중재할 수 있으면 전쟁을 막을 수 있습니다."

반기문은 2007년 5월 임기 첫해, 자신의 스타일에 대해 "농담이지만 나도 나 자신이 '장군General보다는 비서Secretary'(유엔 사무총장의 영문 표기인 Secretary General에 빗대어 한 말)에 더 가깝다는 생각을 하곤 한다. 왜냐하면 사무총장도 단결된 안전보장이사회 앞에서는 힘을 쓰지 못하기 때문이다."라고 말하기도 했다.[40]

2011년 6월 연임이 확정된 후에는 외교 전략에 좀 더 자신감을 얻은 것 같지만 여전히 '조용한 외교'를 고수했다. 일반적으로 유엔 사무총장은 연임을 앞둔 전반기와 후반기의 권한이 달라질 수밖에 없다. 전반기는 연임을 해야 한다는 부담감과 5개의 상임이사국의 영향력을 생각하지 않을 수 없기 때문이다. 그러나 연임이 확정된 후반으로 갈수록 강해진다. 국제 무대에서는 "유엔 사무총장Secretary General은 비서Secretary처럼 왔다가 장군General처럼 간다."는 말이 있다. 그래서 반기문은 임기 후반에 "과거에는 조용한 외교에 치중했다면 앞으로는 좀 더 적극적인 외교를 통해 강한 유엔을 만들겠다."고 말하기도 했다.[41] 그러나 그의 리더십이 전반과 달라졌는지에 대한 증거는 아직 빈약한 편이다.

‖ 2. 정직성에 대한 단서들

1) 약한 자를 어떻게 대하는가?

유엔은 인류공영의 가치를 추구하고 이를 기반으로 세계평화를 이룩하는 사명을 가진다. 유엔의 수반은 이러한 가치에 대해 확고한 실행 의지를 가질 필요가 있다. 따라서 반기문에게 약자에 대한 배려는 지극히 당연한 역할로 받아들일 수 있다. 유엔 사무총장으로서의 약자에 대한 배려는 톰 플레이트의 《반기문과의 대화》와 남정호의 《반기문, 나는 일하는 사무총장입니다》에서 잘 언급이 되어 있다.

소수파의 의견에 귀 기울여서 기후협약을 성공적으로 마무리한 에피소드를 간략히 소개하면 다음과 같다. 2009년 12월 15일, 코펜하겐 기후 변화 정상회의가 예상대로 선진국과 개도국의 날카로운 대립으로 처음부터 삐걱거렸다. 반대파들의 몸싸움과 저항은 합의문 채택을 수포로 만들기 직전이었다. 반기문은 반대파를 한자리에 모아 "당신들의 의견을 뭐든지 이야기해보세요."라고 하면서 진지한 태도로 그들의 이야기를 끝까지 들어주었다. 그리고 그는 반대파의 의견을 보완하여 중재안을 제시하여 실질적 합의를 도출해냈다.[42]

유엔 사무총장 연임이 확정된 날 총회 개최국 대표 자격으로 이뤄진 수전 라이스Susan E. Rice 유엔 주재 미국대사의 연설을 보면 반기문이 약자에 대해 어떻게 배려하는지를 보여준다. "반 총장은 목소리 없는 자들의 목소리에도 귀 기울일 줄 아는 지도자로, 어떤 누구도 반 총장만큼 유엔 사무총장이란 자리에 대해 이해하지 못할 것입니다."[43]

반기문의 약자에 대한 배려를 알 수 있는 에피소드로는 여성의 권익신장에 대해 강조한 점을 들 수 있다. 여성의 유엔 고위직 진출은 반기문의 취임 전과 비교할 때 괄목할 만큼 늘어났다. 사무차장급 여성 비율이 60%, 사무차장보급은 40%가 늘어났다. 그는 해외 순방에서도 그 나라에서 여성의 정치 참여에 관심을 갖고 "왜 이 나라 의회엔 여성 비중이 이렇게 낮습니까? 왜 여성 각료가 보이지 않습니까? 여성이야말로 제대로 활용하지 않고 있는 자원이니 대폭 발탁해야 나라가 발전합니다."고 조언했다. 또 그 국가를 다시 방문하게 되면 그동안의 변화를 확인했다.[44]

여기까지 기술하면서 가진 하나의 의문점은 약자에 대한 배려가 거의 유엔총장의 역할로서 이루어진 점이라는 것이다. 그의 어린 시절과 성장 과정을 자세히 소개한 책 《바보처럼 공부하고 천재처럼 꿈꿔라》를 보면 약자와 관련된 특별한 에피소드가 없다. 특히 자신의 불이익을 감수하고 부당한 대우를 받는 사람을 위한 일을 했다든지, 자신의 지위와 상관없이 누군가를 위해 베풀었다는 에피소드는 찾기 어려웠다. 직원들이 출근할 때 현관문을 잡아주었다든지, 호텔 로비에서 무거운 가방을 든 여인의 가방을 들어주었다든지, 청소하는 아주머니나 운전기사에게 언제나 따듯하고 친절했다는 에피소드 정도가 있을 뿐이다.

결정적으로 그를 유엔 사무총장에 당선되도록 기회를 제공하고 지원을 아끼지 않은 노무현에 대한 그의 배려는 평소 사람을 챙기고 관계를 중요시하는 그의 모습을 고려할 때 의아한 면이 있다. 노무현이 세상을 떠난지 7년이 지나서 봉하마을에 가서 추모를 한 모습을 보면 자신에게 예상되는 불이익이 없을 때만 사람을 챙긴다는 오해를 살 만하다.

그가 자신의 이익을 포기한 경우는 2007년 1월 케냐의 빈민가인 키베라를 방문했을 때 그곳의 참담한 모습을 보고, 그해 9월에 현대자동차에서 수여하는 '포니정혁신상' 상금 10만 달러 전액을 기부한 정도이다. 10만 달러면 1억 2,000만 원이 좀 넘는 돈에 해당한다. 그의 국제적 위상이나 힘의 크기로 보았을 때 기부를 많이 했다고 하기는 어렵다. 그가 선행이나 기부를 드러내지 않는 겸손한 성품이기에 밖으로 노출되지 않기를 원했을 경우도 생각해볼 수 있다. 그러나 현재로서는 그가 공부를 열심히 하고 가족을 돌보고 성실하게 공무원의 역할을 수행한 사람이라는 것 이외에 다른 사람을 위해 불이익을 감수한 내용을 찾기는 어려운 것 같다. 성실함과 능력 있음이 정직함을 담보하지 않는다는 것을 상기하게 된다.

2) 법을 잘 지키는가?

그가 청렴하고 공과 사를 엄격히 구분해서 생활했다는 에피소드는 많다. 30여 년 동안 전셋집을 전전했고 차관 시절에도 흑석동 산동네에서 전세를 살았다. 외교안보의 중요 인사가 한 동네에 사는지 아무도 모를 정도로 조용한 생활을 했다.

《바보처럼 공부하고 천재처럼 꿈꿔라》에는 공과 사를 엄격히 구분하고 검약한 생활을 한 에피소드들이 자세히 소개되어 있다. 유엔 사무총장이나 오스트리아 대사로 부임했을 때 공관에 전화 1대를 더 설치해서 개인적인 통화를 하고 전화 요금은 개인 돈으로 내었다. 자녀들의 결혼식도 언제나 비밀리에 치루는 등 개인사를 업무와 혼동하지 않았다.

유엔 사무총장으로서 출장을 밥 먹 듯해야 하는데도 전용기 없이 활동했다. 비행기를 갈아타기 위해 공항에서 몇 시간씩 기다려야 했고, 일정을 민간 항공기 일정에 맞춰야 하는 불편함을 감수해야 했다. 그 때문에 많은 회원국에서 특별기를 준비해주겠다고 제안하기도 했으나, 수행인원 20명과 비즈니스 제트기를 빌리는 것이 언론에 어떻게 비춰질지를 염려해서 실행하지 못했다고 한다.[45] 요즘처럼 고관대작들이 지위와 권한을 이용해 부동산 투기를 하고 판공비와 관용차를 개인적으로 유용하는 사례가 일상적인 시대에 반기문의 청백리의 모습은 신선하게 느껴진다. 그가 공무원으로서 문제될 일을 만들지 않았다는 점은 명확하게 보인다.

3) 겸손한 태도

반기문도 겸손에 대한 특별한 인식을 가지고 있다. "겸손은 결코 헌신이나 통솔력의 부족을 의미하지 않는다. 오히려 겸손은 요란한 팡파르를 울리지 않고 과업을 완수하는 조용한 결단력이다."라며 그의 외교 전략이 조용하고 유약하다는 서구 언론의 공격에 대해 항변했다. 한국의 공식 유엔 총장 후보로 결정되었을 때도 그는 자신의 성격처럼 선거운동을 했다. 열심히 하되 드러내지 않는 '조용한 캠페인'을 지향했다.[46]

4) 자신의 시간과 돈을 누구를 위해 사용하는가?

영화 〈버킷리스트〉에서 사람이 죽으면 천국 입구에서 천사가 2가지 질문을 한다는 내용이 나온다. 첫 번째 질문은 "당신 삶에서 기쁨을 누렸는가?"이며, 두 번째 질문은 "다른 사람의 삶의 기쁨에 어떻게 기여했는가?"이다. 반기문은 첫 번째 질문에서 유엔 사무총장이라는 직함과 함께 인류의 다양한 문제를 해결하며 기쁨과 보람을 느꼈을 것 같다. 두 번째 질문인 다른 사람의 삶의 기쁨에 기여한 측면도 분명 있었으리라. 그러나 유엔 사무총장이라는 직업적 역할을 제외하고 그런 일이 어떤 것인지 물어봐야 할 것이다.

먼저 2010년 8월 반기문은 유엔 사무총장으로는 최초로 히로시마 평화기념식에 참석했다. 그는 이 자리에서 "아주 감동 깊은 경험이었습니다. 피폭 생존자들과의 만남은 참으로 슬프고 감동적이었습니다. 그들의 강인함과 용기를 보고 저도 힘을 얻었습니다. 저는 시간이 얼마 남지 않은 피폭 생존자들을 정말로 돕고 싶었습니다. 그들이 핵무기를 두려워할 필요가 없는 세상을 볼 수 있다면. 그게 제 바람입니다."라고 말했다. 일본인 피폭 생존자들에게 이런 감동을 느낀 그가 그동안 한국의 위안부 할머니들은 얼마나 돌보고 관심을 기울였는지 찾아보지 않을 수 없다.

2016년 1월 1일 반기문 총장은 박근혜 정부가 진행한 일본과의 위안부 협상에 대해 "박 대통령께서 비전을 갖고 올바른 용단을 내렸다. 역사가 높게 평가할 것."이라고 칭찬했다.[47] 유엔 사무총장으로서 일본의 만행을 사죄하라는 메시지도 없이, 위안부 할머니들도 반대하는 박근혜 정부의 협상을 인정하는 태도는 많은 사람들의 공분을 샀다. 이런 발언으로 한국의 여론이 나빠져서인지 3개월 후인 2016년 3월 12일, 그는 뉴욕 유엔본부에서 길원옥 할머니를 만나서 "합의안 환영은 정부 노력을 평가한 것."이라고 해명하기도 했다.[48] 그러나 이런 그의 해명은 "최종적이고 불가역적으로 위안부 문제를 해결했다는 건, 희생자 중심으로 접근해야 한다는 유엔의 기본 원칙을 무시한 것."이라는 유엔 여성차별철폐위원회의 입장과도 정면 배치되어 비판을 받았다.[49]

그의 말과 행동이 일치하는지도 살펴보자. 독재와 종교적인 압박에 저항하고 역사의 일원이 되라고 강조했던 반기문은 독재정권과 유신 헌법으로 수많은 사람들이 불법 감금과 고문에 시달렸을 때 외교관으로서 정부 요직을 거치며 순탄한 삶을 살았다. 또한 그가 참사관 신분으로 하버드대학교에 유학을 갔던 1985년에 김대중을 감시하여 전두환 정권에 동향 보고를 한 사실이 밝혀져 국내외에 충격을 주었다.[50] 이에 대해 그는 국가를 위해 보고한 것이고, 정당이나 정치인에 보고한 것이 아니라며 언론의 비판에 기가 막힌다는 반응을 보였다.[51] 그가 말하는 '국가'는 당시 전두환 정권이었다. 이는 그에게 국가는 국민이나 유엔이 수호하는 '인권과 평등'이 아닌 '권력'이라는 의미로 해석된다. 그가 국내로 돌아와서 지도자가 된다면, 그가 말하는 국가 권력에 따라 지향하는 바가 어떻게 달라질지 의구심이 생긴다.

유엔 사무총장 임기를 마치고 귀국하는 반기문은 기자에게 "조국을 위해서 이 한 몸을 불사르겠다."고 말했다. 이 말에 대해 노회찬 의원은 "평생 촛불 한 자루 태워보지 않은 사람이 자기 몸을 불사른다니 진정성이 의심된다."고 비난했다.

〈포린폴리시〉는 2016년 12월 29일, 그의 임기 종료 하루 전날 "C급 총장이 될 뻔한 반기문, 기후협정 공로로 B급 총장으로 기억될 것."이라며 혹독한 평가를 내놓기도 했다. 또한 그의 동생과 조카는 뉴욕 검찰에 의해 뇌물죄로 기소된 상태이다. 유엔 사무총장은 퇴임 후 자국에서 공직에 오르지 말아야 한다는 유엔의 권고를 무시하고 그가 대선에 출마를 한다면, 유엔 사무총장이라는 화려한 이력이 오히려 그의 정직성을 발목 잡는 결과가 되는 상황에 처한다. 향후 존경받는 국제 지도자로 남게 될지, 유엔 권고사항을 무시한 국내 지도자가 될지 지켜볼 일이다.

7

안정형 지도자와 정직성 변수 : 안희정

‖ 1. 안정형 에피소드

1) 한결같이 꾸준하게, 책임감을 가지고

안정형이 연애하는 모습은 인상적이다. 이 사람이 내 여자, 내 남자다 싶으면 연애도 한 사람과 쭉 오래 하고, 졸업하면 바로 결혼하는 식으로 결혼도 일찍 한다. 그리고 평생 한 사람에게 순정을 바치는 경향이 있다. 만약 어쩔 수 없이 그 사람을 떠나보내더라도 그 사람을 가슴에 품고 평생을 간다. 안희정의 삶을 들여다보며 평생 가슴에 품고 사는 사랑이 어떤 모습인지를 발견할 수 있었다. 이 사람은 정치도 사랑도 정말 안정형으로 했구나 싶었다.

그는 도서관에서 예쁜 한 여학생을 알게 되었는데, 그녀를 대학교에 진학하고 다시 만났다. 그리고 그 여학생과 연애했고, 동지로서, 반려자로서 평생을 함께했다. 정치도 이와 같았다. 뜻을 같이 한다면 물이 들어와 배가 가라앉아도 함께 물속으로 들어가야 한다고 말한다. 그는 자서전《산다는 것은 끊임없는 시작입니다》에서 노무현에 대한 마음을 "내 인생을 같이 걸고 가는 겁니다. 노무현 대통령이 제 견해와 다를 경우 그럼에도 불구하고 하셔야 한다면 저도 끝까지 같이 갑니다. 배가 침몰하기 전에 얼른 점프하면 안 되고 가만 앉아서 물 들어올 때까지 기다려야 합니다."라고 표현했다. 노무현의 참모로서 자신은 시대적 가치를 한 방향으로 가도록, 끊임없이 균형 맞추어 가도록 만드는 사람이라고 생각한다.

노무현과 함께 한 생수 사업 때문에 감옥에 들어간 것이 억울하지 않느냐고 여러 번 묻는 김어준의 질문에 그는 결국은 눈물을 펑펑 흘렸다고 한다. 김어준이 왜 울었냐고 다시 물어보니 그는 "저는 노무현 대통령이 좋았어요. 감옥 가는 것도 그분을 위해서 가는 거라 좋았어요."라며 인터뷰 중 다시 5분 동안 펑펑 울었다고 한다.[52] 심지어 살면서 가장 행복한 순간이 도지사로 재선된 지금이냐는 질문에 머뭇거리며 "예스Yes"라고 대답했다. 왜 머뭇거렸냐고 재차 사회자가 물으니 "사실은 노무현 대통령과 광주에서 경선 승리한 것이 가장 행복한 순간이었다."라고 말했다.[53] 이 정도라면 노무현에 대한 절절한 순정을 평생 가슴에 품고 사는 사나이로 보인다.

"노무현을 사랑하는 우리 노사모 여러분, 우리 제사 지낼 때 꼭 같이 가요. 잊지 말아요. 그리고 우리 인생을 살아야 해요. 노무현 대통령을 내가 사는 현재의 무엇으로 얘기하지 말아요. 그러면 약해져요. 죽을 때까지 잊지 맙시다. 우리는 우리 이름으로 삽시다."[54]

안정형의 한결같고 꾸준하고 책임감을 가지는 모습은 그 반대의 모습에 대한 저항으로 나타난다. 그 사례로 노무현을 떠났던 민주당과 정동영, 손학규에 대한 서운함을 표현했던 것을 들 수 있다,

"제가 정동영 장관에게 이렇게 말했습니다. 당신이 그때 돌 맞는 노무현 옆에 있었으면 당신은 대통령됐다. 그 욕먹는 노무현 옆을 지켰더라면 그 대선에서 졌더라도 다음번엔 되었을 거다. 정치가 공학같이 보여도 상식이라는 산이 있다. 산속에 있는 사람이 산등성이를 못 본다. 국민은 역사적으로 볼 뿐이나. 사람이 사리와 도리에 맞게 행동하면 된다. 노무현 대통령이 그때 얼마나 공격받았나. 함께 지켜줬어야 한다."[55]

"손학규 대표님은 인간적으로 참 좋은 분이다. 이웃하고 싶은 분이다. 인간적으로 존경하지만 정치지도자로서는 아니다. 정치지도자로서 내가 무릎을 꿇어야 한다면 꿇는다. 내가 도저히 꿇을 수 없는 사람이라도 국민들이 결정하면 꿇어야 한다. 그걸 번복하면 안 된다."[56]

부인과의 러브 스토리에서도 한결같고, 노무현에 대한 마음도 지순하다. 정치공학적으로 어떤 상황이 유리한지 불리한지에 따라서 결정하고 움직이는 것이 아니라, 자신의 신념에 따라 결정하고 행동해야 한다고 생각한다. 역사와 국민에 대한 마음도 이와 같음을 다음과 같이 이야기한다.

"정치공학적으로 접근하지 않았으면 좋겠다. 정치지도자들이 내가 유리하네, 불리하네, 이렇게 공학적으로 접근하면 안 된다. 그것은 본인의 인생이기 때문에 남의 시선으로 살면 안 된다. 내가 아닌 것을 꾸며서 표를 얻을 필요가 없다. 우리 모두 잘 살자는 주장인데 그 부분에 대한 자기 소신을 내고 일할 기회를 얻어야 한다. 목소리와 영혼으로 무대에 서는 거다."[57]

2) 평화와 화합을 향하여

안정형은 '평화와 안정'을 추구한다. 안희정이 지향하는 정치의 모습, 역사 발전에 대한 생각뿐만 아니라 개인적인 성격을 엿볼 수 있는 지점이다.

정치인으로서 가장 큰 약점이 무엇이냐는 질문에 "남을 공격하지 못하는 겁니다. 제 분노를 표현하기가 무척 두렵습니다. 분노를 표현하면 그로 인해 내 마음의 평화가 깨지는 게 싫고, 또 분노를 표현해서 상대방이 받을 마음의 상처가 미안해서 싫고. 어떻게든 분노를 좀 표현 안 하고 이야기할 방법이 없을까를 고민하다 보면, 이러다 나 정치 못하겠구나 하는 생각이 듭니다."[58]고 대답했다.

평화와 안정을 추구하는 안정형은 공격적인 언쟁이 요구되거나 갈등이 심한 상황에서 가장 스트레스를 느낀다. 마음의 평화가 깨지고 불안정해지는 자신을 발견하기 때문이다. 노무현과 함께한 안희정의 정치 여정에서 분노를 일으키는 장면은 무척 많았을 것이다. 분노는 마음의 평화를 가장 어렵게 만드는 감정이다. 안희정은 이런 분노를 땔감삼아 평화와 화합하는 역사로 자신의 의식과 정치 비전을 성장시켰다.

"감옥 갔을 때 너무 억울하더라. 역대 대통령 대선에서 그 정도로 돈 안 쓴 대선이 없는데 억울했다. 그런데 그 시대와 같이 가는 거다. 그것이 정말로 잘못이라고 생각된다면 그만둬야 한다고 생각한다. 어떤 오기를 부리는 것이 아니라 인연을 맺고 그 인연이 시대적 가치와 같이 가야 한다. 그 판단이 잘못됐다고 한다면 물러나야 한다."[59]

자신이 사랑하고 흠모했던 노무현을 죽음으로 몰아넣은 시대 상황을 보면서 그가 마음속에서 어떤 분노를 느꼈을지 상상하기 어렵지 않다. 그러나 그는 그 분노가 정답이 아니라는 것을 깨닫고 분노와 억울함을 넘어 새로운 비전을 가지고 정치적 지도자로서 진화한 모습을 보여주었다.

“우리 인생의 동력은 모욕에 대한 분노이고 무릎 꿇을 수 없는 현실에 대한 분노이다. 돈이 없어서 당하는 설움, 지위와 계급이 약하기 때문에 당하는 설움, 이 설움을 복수하기 위해 노력했다. 그러나 분노와 자존심으론 우리가 못 이기겠더라. 나 정말 이기고 싶다. 벼랑에 선 인생을 반복하기 싫다. 이겨야 하는데 막춤을 추면서 이기면 안 된다. 우리답게 이겨야 한다. 내가 무릎 꿇을 수 없는 현실에 대한 분노와 자존심으로 출발했다 하더라도 우린 2단계 로켓이 필요하다. 대기권을 벗어난 2단계 로켓은 우리가 하고 싶었던 일, 내가 정말 하고 싶었던 일, 어떤 새끼 미워서 하는 일이 아니라 내가 하고 싶은 일로 이겨야 한다. 하고 싶은 일에 대한 간절한 소망과 기도를 가지고, 저들의 미움과 자존심과 분노가 나를 지배하지 못하게 하자. 내가 하고 싶은 일이 나를 지배하게 하자는 마음이다.” [60]

그는 다른 사람의 평가에 대해 흔들리지 않고 다른 사람을 공격하지도 않아도 이길 수 있는 선거를 원한다. 충청의 대선주자로서 반기문을 어떻게 생각하느냐는 질문에 대해 이렇게 대답한다.

“저는 충청권이든 영남권이든 호남권이든 지역에 기반하지 않습니다. 앞으로 그런 정치는 안 할 것입니다. 저는 우리 민주당이 지향해왔던 중산층, 서민, 힘없고 백 없지만 정의롭게 살고자 하는 많은 국민들의 한과 같이 해온 정신에 입각한 젊은 정치인입니다. 그리고 그러한 정신과 가치를 가지고 저는 국민을 통합하고자 하는 정치인입니다. 그렇기 때문에 지역적 대표성의 문제에 대해서는 저는 대답을 안 합니다. 그건 제가 하고자 하는 정치가 아닙니다. 반기문 유엔 사무총장님, 우리나라가 배출한 유엔 사무총장으로서 자랑스러운 분입니다. 그 분이 앞으로 어떠한 정치 인생이나 인생을 살아갈지는 그의 도전입니다. 또 국민에게 사랑받고 선택받는 도전은 국민들이 결정하실 일입니다."[61]

좌고우면 하지 않고 다른 사람과 비교하거나 눈치 보지 않고 역사 속에서 국민만 보고 자신의 길을 가겠다는 의지를 여러 인터뷰에서 밝힌 바 있다. 각자의 역량을 펼칠 수 있는 정치를 대한민국에 구현해 보고자 하는 것이 안희정의 길이다.

3) 환경에 대해 우호직이고 긍성적

안정형은 다른 사람과 화합함으로써 원하는 일을 이뤄나가는 유형이다. 상대를 적대적으로 대하는 것을 꺼려한다. 그러한 성향은 상대방이나 환경에 대해 우호적인 태도와 시각을 유지하려는 노력으로 나타난다. 선과 악, 좋은 것과 나쁜 것을 이분법적으로 나누는 것이 아니라 무엇을 향해 나가야 할지를 이야기한다.

"테레사 수녀님이 빈민운동을 하려고 들어가서 보면, 자원봉사자들이 대부분 그 빈민이 보기 싫어서 3년 안에 다 도망간다고 한다. 무엇을 지고지순한 선이나 나쁜 걸로 보면 답이 없다. 어떤 것을 모두 선하다고만 보면 우리는 또 다친다. 그냥 그 자체로 봐야 한다."[62]

"식민지와 분단을 겪은 그 역사를 헤쳐 온 사람들의 분노와 두려움은 생존을 위한 거다. 그런 과정을 겪었던 사람들이 '나는 그렇게 큰 잘못을 한 게 아니다. 나 좀 살려 달라.'고 했을 뿐이다. 모두 폭력에 대한 거부로 발전했으면 좋겠다. 안창호의 애국 독립운동과 이승만의 외교투쟁은 결과적으로 폭력에 대한 저항이다. 간디의 평화 노선과 나의 화끈한 투쟁은 어디로 가야 하는가? 평화주의다. 모든 노력의 끝은 평화로 가는 거다. 나를 종북좌빨이라고 하는 사람들을 토닥토닥해주고 싶은 마음이 든다."[63]

종북좌빨이라며 자신을 공격하는 사람들에 대해 그것은 분단의 역사가 가져온 비극이라고 말하며, 그 삶을 살아온 사람들에게 연민을 느낀다. 그들의 마음을 헤아려 포용하려고 한다. 상대를 우호적으로 보고 내가 포용하면 그들의 마음을 얻을 수 있다는 긍정성이 엿보인다.

4) 먼저 듣고 참여시키며, 일을 떠맡고 드러내지 않는다

안정형은 일을 잘한다. 특히 일을 끝까지 마무리 짓고 책임을 진다. 그래서 일이 많은 게 안정형의 특징이다. 안희정은 전국 시도지사 정례업무 평가에서 4개월 연속 1위를 할 만큼 도정을 잘 이끌어간다는 평가를 받고 있다. 그러나 그런 이야기를 자기 스스로 드러내놓고 자랑하지 않는다.

그는 본인이 다 해결할 수는 없지만 주권자의 참여가 가능한 지점을 만들어내는 것이 정치인의 몫이라고 말한다. 주권자의 참여가 주인공이고 자신은 보조 출연자로서 자리를 만든다.

‖ 2. 정직성에 대한 단서들

1) 약자들을 어떻게 대하는가? 자신의 시간과 돈을 누구를 위해 사용했는가?

그는 고등학교 1학년 때 대전역 앞 날품팔이를 보며 충격을 느꼈다고 한다. 사회 밑바닥의 인생을 보면서 저 사람들이 불행하기 위해 태어난 게 아닌데 싶었다며 사회를 변화시킬 수 있는 방법, 혁명을 꿈꾸었다고 한다.[64]

우리 사회의 문제점, 풀어야 할 과제와 시대정신이 무엇인지 묻는 질문에 "억울한 사람 없는 사회, 배고파서 우는 아이 없는 나라죠. 모든 시대는 항상 이 문제입니다. 사람이 너무 배고프고 고통스러우면 안 됩니다. 그리고 또 배고픈 것 그 이상으로 우리는 억울한 일을 당하면 안 됩니다. 그건 인격이 부서지고 미움이 싹트고 그 사회가 갈등하게 됩니다. 그것을 다른 말로 표현하면 정의라고 표현하고, 또 다른 말로 표현하면 평화라고 합니다."[65]라고 답했다.

2) 겸손하다

안희정이 잘하는 것은 알겠는데 딱 부러지게 이것이다 하는 실적이 없다는 비판이 있다. 안희정은 이에 대해 "도민들이 내게 원하는 것은 토목공사로 예산을 낭비하지 않는 것과 정치는 다 똑같다고 생각하는 불신을 신뢰로 돌리는 것이다. 이 2가지가 내 과제다. 훌륭하다는 평을 듣는지는 모르겠지만, 성실하고 정직하다는 평에 대해서는 좀 노력을 했다."라고 답했다. 예산 낭비하지 않고 성실과 정직으로 평가받겠다는 진심을 국민들이 알아주길 바라는 것이다.

충청남도에서 평가가 좋고 대선주자로 불리는 것에 대해서 "바다의 물이 배를 띄우기도 하고 가라앉히기도 한다. 동네의 인심이 나를 좋은 사람으로 만들어주기도 하고 나를 나쁜 사람으로 만들기도 한다."고 말한다. 그는 충남도지사로서 받는 민심의 평가가 언제든 등 돌릴 수 있다는 것을 안다. 그래서 겸손할 수밖에 없다. 그는 특히 '겸손'이라는 단어에 대한 성찰을 드러내보였다. "겸손하려고 한다. 겸손은 모욕을 참는 일이고 용서하는 일이다."

3) 부끄러움을 고백하고 솔직하게 이야기한다

그는 자신의 부끄러움을 고백하고 그 부끄러움에 대한 속죄의 과정을 통해 겸손을 내면화했다.

"두 번째 투옥 때 남산에 끌려갔다. 안기부 지하 고문실로 갔다. 사면이 스티로폼이고 책상이 고무 모서리였다. 한 달 만에 철저히 패배를 해서 3명의 친구 이름을 불었다. 그 친구들이 날 용서해줄 것 같아서 불었다. 국가의 모든 영역에 대해서 질문을 했는데 나는 답을 할 수가 없었다. 내 머릿속에 있었던 단어는 반미, 파쇼 두 단어뿐이었다. 저놈 하나 설득 못하는 내가 무슨 혁명을 하자고 했을까? 참 부끄러웠다. 1년 동안 감옥에 있었는데 너무 부끄럽고 쪽팔렸다. 전대협의 대부라고 불리던 내가 그 질문 앞에 무너졌다. 그래서 결심했다. '앞으로 사회에 나가면 절대로 남 앞에 안 선다.' 대신 이 대열을 떠날 순 없으니 옆에서 돕기만 하겠다. 그 뒤로 철저히 돕는 사람의 입장으로 살았다." 66

정직성이 낮은 사람은 자신의 불완전함, 실패, 부끄러움을 꺼내 놓지 못한다. 자신의 힘과 권력, 지위를 이용해서 자신의 이익을 챙기려고 하기 때문이다. 솔직할 수 있고 부끄러움을 고백할 수 있다는 것은 그만큼 허심탄회하다는 것을 나타낸다. 그렇기 때문에 가식과 위선을 던져버릴 수 있는 것이다.

‖ 3. 안희정의 미래와 성장지향점

TV조선 〈강적들〉에서 대선 잠룡들을 주제로 분석하는 시간을 가졌다. 그동안 지극히 보수 성향 시각을 많이 보여주었던 TV조선의 분위기와 다르게 안희정에 대한 의견은 호평일색이었다. 실제로 필자 주위에도 안희정을 싫어하는 사람이 드물다. 택시기사도 단일후보로 나오면 무조건 찍는다고 말하고, 맹렬한 문재인 지지자들도 안희정은 좋다고 말한다. 심지어 평소 정치에 별로 관심을 안 보이던 사람도 필자에게 와서 안희정에 대해 묻는다.

안희정은 안정형이라는 한 유형에 담기엔 벅찬 인물이다. 그 내면에는 뜨거운 불과 차가운 칼과 같은 기운이 담겨 있다. 보통 안정형의 성장지향점은 주도형의 카리스마같은 결단력과 확신의 길로 나가는 것이다. 안희정은 폐족의 세월 동안 담금질을 통해 이미 이 힘을 내면화했다. 일반적으로 착하면 약하기 쉽고, 강하면 악하기 쉽다. 그러나 안희정은 착하면서 강하다. 국민을 향한 사자후를 내뿜으며 확신과 신뢰를 보여주기도 하고, 동시에 연민으로 상대를 포용하는 따듯함을 지녔다. 많은 사람들이 그에게 발견한 차세대 지도자로서의 모습은 서로 비슷할 것이다.

최근 급변하는 정치상황에서 변수로 등장한 반기문이나 손학규에게 쓴소리를 마다하지 않는다. 자신의 신념대로 걸어온 사람에게서 나오는 당당한 모습이다. 향후 기대되는 정치인이다.

chapter

one | two | three | four | **FIVE**

신중형 리더

법과 원칙의 수호자

1
논리와 체계를 중시하는 신중형

‖ 1. 신중형의 에피소드들

DISC의 마지막 철자인 C형의 우리말 이름은 신중형이다. 컨시엔셔스네스Conscientiousness라는 단어의 이니셜을 따서 C형이라고 부른다. 컨시엔셔스네스는 부가 설명이 필요한 단어이다. '성실하고 신중하다'의 의미도 있지만 '양심에 비추어 거리낌이 없는'이라는 뜻도 가지고 있다. 신중함을 의미하는 단어가 많을 텐데 이 단어를 대표 단어로 사용한 것은 '양심적이고 성실하게'라는 의미에 비중을 두었다고 볼 수 있다. 여기서 양심이란 각자의 자기 기준을 의미한다. 즉 신중형은 무슨 일을 할 때 신중하게 생각하고 그 일이 자신이 세운 기준에서 벗어나지 않도록 성실히 주의를 기울이는 유형이다. 4가지 유형 중 가장 원칙을 중시하고 사색적인 특성이 강하다. 프로세스가 복잡한 일이나 문서와 숫자를 다루는 일에 다른 유형보다 능하다. 대표적인 인물로 제갈 공명, 칸트, 유시민, 손석희와 같은 인물을 떠올릴 수 있다.

‖ 2. 법과 원칙이 우선순위인 일 중심형

다음의 상황에서 당신이라면 어떻게 하겠는가? 당신은 지금 법정의 증인석에 앉아 있다. 당신은 3개월 전에 친구가 운전하는 차의 보조석에 함께 동승을 했었다. 그런데 운전자인 친구는 학교 앞 시속 30킬로미터라는 표지를 무시하고 시속 70킬로미터로 운전을 하다가 초등학생을 치어서 다리가 부러지는 중상을 입혔다. 합의가 안 되었고, 친구는 구속되어 재판을 받게 되었다. 구속된 친구의 부탁을 받고 변호사가 당신을 찾아왔다. 위증을 해달라고 부탁한다. "당신만이 유일한 증인입니다. 시속 30킬로미터로 안 달렸나는 증거도 없고 CCTV도 없습니다. 그냥 시속 30킬로미터로 달렸다고 증언해주시기 바랍니다." 친구는 피고석에서 고개를 숙이고 있고, 당신의 증언이 재판의 중요한 판단 기준이 될 것이다.

법과 양심이냐, 친구냐…. 곤란에 처한 친구의 부탁을 안 들어주기도 어렵고 동정론으로 기울기도 쉽다. 신중형에게 있어서 이 답변은 자신의 양심과 자기 정체성을 건드릴 정도로 심각한 문제이다.

이런 상황을 다른 유형에게도 적용해보자. 이 답변에 대해 가장 큰 차이점을 가지는 유형은 신중형과 사교형이다. 물론 개별 답변에는 각각 차이가 있겠지만, 일관되게 나타나는 현상이 있다. 신중형에게 물어보면, 신중형의 70~80%는 위증을 할 수는 없다, 그냥 사실대로 증언하겠다고 한다. 심지어 어떤 신중형은 변호사가 자기에게 와서 위증을 하라고 했다는 사실까지 말하겠다고 하는 경우도 있다. 친구에 대한 감정이 안 좋아서가 아니라 그게 사실이기 때문이다. 신중형은 친구와의 관계도 중요하지만 더 중요한 우선순위는 그것이 법과 양심에 비추어 거짓이 없느냐이다.

사교형에게 물어보면 사교형의 70~80%는 시속 30킬로미터로 달렸다고 증언한다고 한다. 사교형은 앞서 이야기한 것처럼 관계가 매우 중요한 유형이기 때문에 그렇다. 심지어는 신중형이 이 상황에서 친구를 돕지 않는 것 자체를 이해 못하는 경우가 태반이다. 사교형은 친구라는 관계도 중요하지만 이런 상황에서 자신이 도움을 줄 수 있는 선택권과 힘을 가지고 있다는 것을 우쭐하게 생각하기도 한다. 위증에 대한 법적인 책임이 따르겠지만, 위증을 하겠다는 사교형의 답변은 일관되게 신중형보다 높게 나왔다.

그렇다면 신중형은 냉정하고 친구도 필요 없는 사람일까? 그렇지 않다. 사교형이 친구를 중요하게 생각하는 만큼 신중형에게는 법과 양심이 중요한 우선순위를 차지하는 것이다. 그 일이 자신의 이해관계와 상관없이 보편적인 기준과 양심에 비추어 문제가 없도록 신중함과 성실함을 기울이는 것이다.

신중형의 이런 특성은 특히 까다롭고 절차가 복잡한 법과 규정을 다루는 일에서 다른 유형보다 유리하다. 어려운 기계를 정비하고 컴퓨터의 프로그램처럼 정교한 작업을 할 때 다른 유형보다 더 치밀하고 분석적으로 다룰 수 있다.

‖ 3. 심사숙고하는 신중형

위의 예시에서도 알 수 있듯이 신중형은 무엇이 올바르고 공정한 것인가, 정확함과 품질은 내 기대 수준에 부합하는가에 관심이 많다. 신중형은 매사를 이렇듯 고뇌하고 깊이 고려하여 판단하고 결정하기 때문에 행동하기까지 시간이 많이 걸리며, 속 시원한 대답을 내놓지도 않는다.

여기에 신중형의 문제가 있다. 심사숙고해서 내린 신중형의 판단이 항상 옳은 것은 아니라는 것이다. 신중형은 스스로 오랜 시간 동안 검토하여 신중하게 결론을 내렸겠지만 그 결론을 보는 시각, 기준, 상황이 얼마든지 다를 수 있다. 그런데 신중형은 자신이 틀릴 수 있다는 가능성을 받아들이는 것이 매우 어렵다. 왜냐하면 자신이 엄청나게 고민하고 세세하게 검토한 결과이기 때문이다. 그래서 다른 사람의 생각을 잘 받아들이지 않는 편이다.

신중형은 분석하고 비평하기를 좋아한다. 자기 기준이 높기 때문에 다른 사람에게 좋은 피드백을 해주지도 않는다. 이런 경향은 자기 스스로에 대해서도 동일하게 나타나서 스스로의 만족감도 낮은 편이다.

신중형은 자신과 다른 유형과 다양한 시각이 있다는 것을 받아들이고, 그들을 구분할 수 있어야 한다. 신중형 주변의 사람들은 그냥 넘어갈 일도 못 넘어가고 따지고 드는 신중형 때문에 스트레스를 받을 확률이 매우 높다. 신중형이 다른 유형을 조금만 이해하고 다른 시각도 있다고 생각하는 순간 인간관계가 매우 부드러워질 수 있다.

‖ 4. 자신의 힘을 환경보다 약하다고 생각하는 신중형

신중형은 자신이 환경보다 약하다고 생각한다. 만약 자신이 실수를 한다면 공격 당하고 비판받을 것이기 때문에 아예 그럴 여지를 없애고자 한다. 자신이 공격 당하지 않기 위한 전략은 모든 일을 완벽하게 대비해서 공격 당할 빌미를 안 주는 것이다. 정해진 규칙을 확인해서 잘 지키고 성실하게 맡겨진 일을 처리하면 비판받을 일이 없다고 생각한다. 그렇기에 더 자세하고 꼼꼼하게 검토하고 확인한다.

이렇게 자신에게 철저한 편인 신중형은 다른 사람에게도 이 철저함을 적용한다. 간혹 신중형의 지적사항은 혀를 내두를 정도다. 이런 것도 체크해야 하나 싶을 정도로 꼼꼼하게 지시한다. 그러나 신중형의 세심한 완벽주의는 다른 유형과의 차별화가 이루어져 눈에 띄는 성과를 만들어 낸다.

‖ 5. 중요한 지시나 기준에 관심을 둔다

신중형은 이렇듯 신중하게 판단하고 행동하므로 실수가 적은 편이다. 이것은 자신이 비판하는 대상들에게 비판받고 싶지 않은 완벽주의가 작용하기 때문이다. 법규나 기본 매뉴얼을 중시하기 때문에 약간의 응용이나 확대 해석을 경계한다. 품질과 정확함을 위해서는 타협하지 않고 최고를 지향한다. 이런 특성 때문에 유연하지 않다는 피드백을 들을 때가 많다.

‖ 6. 7가지 요소로 정리한 신중형의 특성 [1]

1) 신중형이 추구(동기)하는 것은 무엇인가?

신중형은 정확성이 필요한 일이나 논리적이고 체계적인 접근 방식이 중요하게 여겨지는 환경을 좋아한다. 그 정확성과 논리가 결과로서 평가와 보상이 이루어질 때 동기 부여를 받는다. 구체적이고 세밀한 평가를 통해서 피드백을 받고 인정받는 상황에서 에너지가 올라간다.

2) 두려움은 무엇인가?

신중형은 다른 유형에 비해서 두려움의 강도가 센 편이다. 무엇보다도 비판받는 것을 가장 두려워한다. 비판받는 것을 두려워하기 때문에 일을 완벽하게 처리하려 한다. 그 완벽은 거의 강박에 가까운 편이며 그 수준을 지켜내려 많은 에너지를 사용한다. 그렇기 때문에 불확실하고 변화가 많은 상황은 싫어한다. 또한 감정적인 상황을 불편해 한다. 자신의 감정을 드러내는 것도 불편해 하고 다른 사람이 감정을 드러내는 상황도 피하고 싶어 한다. 서로 감정적으로 대립하고 있는 상황을 최악의 상황으로 생각한다. 논리와 체계, 이성적 대화에서 벗어나는 것을 꺼려하고 개인적인 사생활을 드러내야 하는 부담을 겪고 싶어 하지 않는다.

3) 선호하는 환경은 무엇인가?

자신의 높은 기준에 부합하는 목표가 생겼을 때, 그리고 그 일을 처리할 수 있는 시간적 여유가 있는 환경일 때 행복해 한다. 감정적 소비 없는 목표지향적이고 기준이 분명한 환경과 계획하고 예측한 대로 진행되는 환경을 선호한다.

4) 갈등 상황에서는 어떻게 하는가?

신중형은 갈등 상황에서 대치하고 수동적 공격성을 띤다. 자기 주장을 강하게 표현하지 않고 내면에 쌓아둔다. 그러다가 상대가 약한 상황일 때 터트리거나 장기적으로 변화시킨다. 주로 속도와 품질에서 정반대의 경향을 띠는 주도형과 대치를 이루는 경우가 많다. 입찰을 해야 하는 상황인데 마감시간이 임박했을 때 나타나는 두 유형의 반응을 예를 들어보겠다.

주도형 : 시간이 없으니까 빨리 해!

신중형 : 세부사항이 규정에 맞는지 확인해봐야 합니다.

주도형 : 규칙보다 타이밍이야.

신중형 : 그래도 이 규칙이 안 맞으면 심사 단계에서 문제가 될 수 있습니다.

주도형 : 문제가 되면 내가 책임질 테니 밀어붙여!

이런 상황에서 신중형의 기준은 들어갈 틈도 기회도 주어지지 않는다. 자기의 완벽을 추구하는 기질에 부합하도록 일을 할 수 없기 때문에 매우 스트레스를 받는다. 실제 둘 다 업무가 우선순위이긴 하지만 속도가 서로 다른 신중형과 주도형은 일터에서 타이밍과 원칙이라는 두 가치가 충돌한다. 이렇게 일하는 방식이 다른 두 유형의 서열이 위아래이면 몰라도 동료라면 전쟁터가 따로 없다. 둘 다 일을 사랑하는데 스타일이 나르기 때문에 직장 내에서 두 유형이 대립할 때 가장 피가 튀긴다. 둘 다 잘 물러나지 않기 때문이기도 하다.

5) 과도하게 사용할 때 나타나는 부작용은 무엇인가?

스트레스가 지나치면 신중형은 자신의 특성을 과도하게 사용함으로써 비판적이 되고 더욱 엄격해진다. 자신과 타인에 대한 기대가 높고 비판적으로 간섭을 한다. 결국 완벽주의의 덫에 걸려서 타인이 한 일에 대해 만족하지 못하고 대화나 소통이 어려워져서 고립되기 쉽다. 자기가 옳다는 덫에서 빠져나오기가 쉽지 않다.

6) 의사소통의 특징은 무엇인가?

신중형은 대화를 할 때 근거와 출처가 명확한 것을 중시한다. 객관적인 데이터가 있는지, 누가 말했는지 등 내용의 신뢰도를 확인한다. 논리적이고 체계적인 대화를 좋아하고 웬만해선 다른 사람의 사적인 의견을 잘 받아들이지 않는 경향이 있다. 자기와 생각이 다르면 정보를 받아들이지 않고 구체적인 자료를 요청한다. 생각해보겠다는 말을 자주하는데 이는 거절을 의미한다. 주제가 없는 잡담을 싫어하고 사적인 대화를 별로 좋아하지 않으며 공식적인 채널로 이야기하고 싶어한다. 간혹 자신의 생각과 반대될 때 논쟁을 하기도 하는데 일단 논쟁이 시작되면 좀처럼 단념하지 않는 편이다.

7) 효과증진책은 무엇인가?

무엇보다 다른 사람의 의견과 생각에 유연하고 열린 태도를 가지는 것이 중요하다. 완벽을 추구하는 신중형의 성향은 자신이 옳다는 완벽한 자기 함정에 빠지기 쉽다. 이 생각을 깨기가 무척 어렵다. 왜냐하면 이것이 신중형의 생각 스타일이기 때문이다. 다른 사람의 평가가 자신을 비난하며 공격하는 것이 아니라 그 일에 도움을 주기 위함이라는 것을 인식할 필요가 있다.

누구나 다른 시각을 가지고 있고 그 다름이 잘못된 것이 아니라는 것을 의식적으로 생각해야 한다. 성숙한 신중형일수록 이 프레임이 유연해진다.

2
신중형의 리더십과 정직성

신중형은 안정형과 마찬가지로 수줍음이 많은 유형이다. 겉으로 드러나기보다는 가려진 뒷자리가 편한 유형이다. 기존의 환경에 적응하고 정해진 질서를 따른다. 규율을 잘 지키고 시간이나 약속을 중히 여겨서 성실하다. 그러나 안정형과 달리 세상을 적대적으로 보기 때문에 다른 사람에 대해선 매정한 편이다. 매정하다는 것이 좀 가혹하게 들릴 수 있지만 인정에 끌리지 않고 이성과 법에 중점을 둔다는 의미이다. 그러나 세상보다 자신의 힘을 약하게 인식하기 때문에 내면의 불안함이 자리 잡고 있다. 안정형과 비슷하게 사소한 일에도 걱정이 많다. 단, 안정형은 그 불안함을 다른 사람에게 심적으로 의존함으로써 해소하려 한다면, 신중형은 데이터와 자료에 의존함으로써 자신을 보호하려 한다. 이러한 신중형의 특성을 정직성과 연결해서 따져보겠다.

‖ 1. 높은 정직성의 신중형은 어떤 모습일까?

신중형의 리더십은 능력과 기술의 전문성에서 나온다. 신중형의 리더십은 하이테크 리더십으로 볼 수 있다. 정직성이 높은 신중형은 스스로에게 높은 기준을 두고 엄격하지만, 다른 사람에게는 관대하다. 이들은 자신의 지위와 권력으로 얼마든지 자기 이익을 챙길 수 있지만 스스로 정한 양심과 윤리의 명령을 따른다. 악법도 법이라며 스스로가 법의 희생양이 된 소크라테스의 모습을 떠올리면 이해하기 쉬울 것이다.

정직성은 정직함과 겸손함을 함께 의미한다. 정직성이 높은 신중형은 법과 질서의 수호자로서 민주주의 체계를 확립하기 위해 검찰과 사법권의 독립을 철저히 지켜줄 것이다. 검찰과 사법권의 독립을 통해 국가 자정 기능이 일어나도록 하고 먼저 모범을 보일 것이다. 언론에 대한 어떠한 압력 없이 비판 기능을 유지시킬 것이다. 정직성이 높은 신중형이 국가의 고위직에 오르면 자국과 다른 나라의 인명 또는 재산을 손상시키거나 아프게 하는 상황은 최대한 만들지 않을 것이다. 또 관료의 품성을 검증할 때도 자신에게 적용한 철저함만큼 정직함이나 도덕성을 최우선 기준으로 삼는다. 높은 정직성을 가진 신중형 지도자는 그 자신이 법과 체계를 철저히 지킴으로써 법치를 위한 모범이 되려고 노력할 것이다. 같은 신중형이라도 정직성의 정도에 따라 전혀 다른 나라가 만들어질 것은 너무도 분명하다.

‖ 2. 낮은 정직성의 신중형은 어떤 모습일까?

낮은 정직성을 가진 신중형은 낮은 정직성의 안정형보다 좀 더 섬뜩한 면이 있다. 이들 역시 자신이 높은 지위와 신분에 적합한 사람이라는 생각을 갖고 남을 이용한다. 높은 지위와 신분을 추구하기는 하지만 주도형이나 사교형과는 달리 추앙받거나 칭송받는 것에는 별로 관심이 없다. 이들은 남들이 근접하지 못하는 높은 담 너머에서 조용히 부와 사치, 명예를 즐기는 삶을 원한다. 이들은 콧대가 높아 보이며 자기와 격이 맞지 않다고 생각하는 사람과는 말도 섞지 않으려고 한다. 소수의 특권층 외에는 교류할 가치를 못 느낀다.[2]

정도가 심각해지면 타인의 아픔과 고통에 둔감해지며 자신의 안위에만 관심을 갖는 사이코패스의 모습을 보인다. 세월호가 가라앉고 300명이 넘는 희생자가 배 안에 갇혀 있다는 보고를 받은 그 시간, 박근혜가 머리를 올리느라 시간을 허비했다는 뉴스가 이 장면의 사례로 떠오른다.

낮은 정직성을 가진 신중형은 주도형과 마찬가지로 공격적인 성향을 갖는다. 차이가 있다면 그 공격성이 물리적이고 직접적이기보다는 교묘하고 가혹하게 파멸에 이르도록 지속적으로 이루어진다는 것이다. 이들은 한번 마음을 거둬들였던 사람들을 용서하고 화해하는

데도 시간이 오래 걸린다. 화해했다고 해도 진심으로 마음속까지 화해했다고 보긴 어렵다.

만약 자신이 공정하지 못한 대우를 받았다면 자신이 다른 사람을 공정치 못하게 대우한 것과 상관없이 그 사람을 완전히 매몰시키는 방법의 복수까지 생각한다. 이들은 환경을 적대적으로 보기 때문에 사회 시스템이나 인간관계에 대해 냉소적이다. 이들이 법을 따르는 것은 아직 힘이 약하기 때문이며, 법을 넘어서는 힘을 갖게 되면 법을 지키는 것을 포기하고 자신의 신념이 법 위에 군림할 수도 있다.

낮은 정직성의 신중형은 성실함을 바탕으로 자신의 이익 채우기를 최우선으로 여긴다. 그러나 그 방법이 충동적이지 않고, 중장기적인 이익을 위해서 법을 지키고 책임감 있는 모습을 보인다. 치밀한 성격이기 때문에 자신의 경력에 해가 될 섣부른 행동은 삼간다. 만약 들킬 위험이 낮다면 법망의 허술함을 이용해 이익을 챙긴다. 지능범이라고 볼 수 있다. 이들에게 법은 입법 취지와 상관없이 '법전에 쓰인 문장 그대로의 법'이다.[3]

높은 지위와 명예가 이들의 성취이며, 그 과정이 다른 사람에게 부정적인 영향을 미치는지에 대해서는 별로 고려하지 않는다. 이들은 눈에 띄는 문제를 일으키지 않고 맡은 일을 책임감 있고 치밀하게 처리함으로써 조직에서 주로 신임 받는 인재가 될 가능성이 높다. 낮은 정직성과 신중형의 만남이 범죄로 연결될 때 세금 탈루, 투자사기, 보험사기, 뇌물수수, 횡령, 배임과 같은 화이트컬러 범죄가 발생할

가능성이 높다.[4]

정직성이 낮은 신중형을 생각할 때 자연스럽게 떠오르는 인물이 있다. 박근혜 정부의 청와대 비서실장과 민정수석이던 김기춘과 우병우다. 이들이 가장 선호하는 상황은 누구도 건드릴 수 없는 막강한 위치에서 지위를 이용하여 지속적으로 사적 이익을 챙길 수 있는 환경이다. 만약 기업이나 조직의 범위를 넘어 한 국가의 고위직에 이들이 있다면 국민의 안녕이나 국가의 미래는 그들의 눈에 들어오지 않을 것이다. 오로지 이 권력으로 어떤 이익을 챙길 수 있는지에만 관심이 있을 것이다.

3
신중형 지도자와 정직성 변수 : 안철수

‖ 1. 신중형 에피소드

안철수는 의과대학을 나와서 의학박사를 취득한 후 의대교수로 재직했다. 그 기간 동안 컴퓨터 바이러스 백신을 연구해서 안철수연구소를 차렸다. 그리고 어렵게 성장시킨 회사에서 물러나 후배를 양성하기 위해 카이스트에서 교수로 활동했다. 그는 한때 한국에서 가장 신뢰받는 리더, 가장 존경 받는 기업인으로 꼽혔었다.

일자로 다문 입술과 웃음기 없는 표정, 말수가 적으면서도 확실하게 확인된 말만 하려는 모습은 신중형에게서 나타나는 특징이다. 특히 안철수의 커뮤니케이션 방식은 대화를 하고 협의를 이뤄야 나가는 방식이 아니라 혼자서 심사숙고하여 내린 결론을 이야기하는 경향이 있다. 이는 완전함을 추구하는 신중형의 커뮤니케이션 방식을 잘 보여준다. 그의 삶의 여러 에피소드를 통해서 좀 더 깊은 내면을 이해해보자.

1) 외유내강의 모습으로 매사에 철두철미하고 완벽을 추구함

신중형은 정적이고 혼자만의 시간을 즐긴다. 혼자 있을 때 생각도 정리하고 자기에게 집중함으로써 에너지가 상승한다. 그 집중력으로 스스로에게 높은 기준을 요구하고 일의 완벽을 추구한다.

그는 처음 백신 프로그램을 만들 때만 하더라도 이 일을 계속할 생각이 없었다고 한다. 의학자로서 목표가 분명했기 때문이다. 그런데 계속 발견되는 신종 바이러스에 대한 해결 요청이 모두 그에게 들어오게 되었다. 처음에는 당혹스러웠지만, 시간이 없다거나 힘들다는 이유로 외면할 수 없었다고 한다. 한번 손댄 일에 대해 책임을 지고 완벽을 기하는 신중형의 특성이다.

신중형은 갖고 있는 기준을 엄정하게 만들고 지켜나가고, 일단 선택한 일에 대해서는 철두철미하게 해낸다. 안철수는 자신을 '병적일 정도로 대충하지 못하는 성격'이라고 말한다. 신중형은 완벽을 추구하는 자신의 모습이 힘들고 때로는 싫지만 그 완벽을 벗어나기 힘들다. 외부의 평가보다 자신이 정한 기준에 부합하느냐가 더 중요한 기준이 된다. 신중형이 가진 이러한 자기 기준 때문에 겉으로는 부드럽고 유해 보여도 내면에는 여간해서 꺾이지 않는 강함을 지니고 있다.

안철수는 스스로를 '외유내강형'이라고 말한다.[5]

"저는 강한 사람에게 강하고 약한 사람에게 약한 성격입니다. 약자에게는 따뜻하게 대하지만, 강한 사람이 부당하게 공격하면 더 세게 맞받아치는 '괴팍한' 성격이 있습니다."[6]

자기 기준에 따른 내면의 힘은 웬만한 외부의 압력에 의해 크게 좌우되지 않는다. 한번 아니라고 판단하면 꿋꿋이 버티거나 오히려 공격한다. 민주당에서 탈당할 때도, 호남을 지역 기반으로 한 신당을 창당할 때도, 그가 움직일 때마다 정치판의 거친 반대와 비판의 회오리바람이 몰아 쳤었다. 그가 그 격랑의 파도에 뒤집히지 않은 이유는 외부에 반응하는 것이 아니라 내면의 자기 목표를 보며 가기 때문일 것이다.

2) 자신의 기준에 따라 천천히 심사숙고 후 결정, 그리고 말하기와 행하기

신중형은 자신의 사고구조와 신념을 기준으로 가능한 많은 정보를 취합하여 심사숙고한 후 결정한 내용을 전달한다. 이런 과정을 거쳐 나온 말들이기 때문에 양이 적고, 그 말에 책임을 지고 이행하려고 노력한다. 자기 말이 가진 구속력이 가장 크다. 그리고 그 결정을 바꾸는 일은 여간해서 쉽게 일어나지 않는다.

안철수의 자서전《지금 우리에게 필요한 것은》과《영혼이 있는 승부》를 보면 시간과 느림에 대한 그의 생각을 알 수 있다. 느림에 대해서 그는 모든 것을 먼저 이론적으로 습득하고 실천하는 것이 장기적으로 더 큰 성공의 길이라고 믿는다. 느림에 대한 그의 철학은 시간을 바라보는 시각에도 담겨있다. 그는 "시간은 원칙을 가지고 올바르게 살아가는 사람들에게는 가장 친한 친구이자 든든한 지원자이다. 그와 반대로 위선적인 사람들에게는 가장 큰 적이 된다."고 말한다.

격동하는 정치판에서도 그가 시간을 대하는 모습은 한결같다. 국민의당 상임공동대표로서 당의 지지율이 계속 하락하는 국면에 대한 생각을 기자가 물었다. 그는 "정치에선 국민의 지지율을 끌어올릴 '신의 한 수'가 없다. 역설적으로 우공이산愚工以山, 어리석은 일 같지만 꾸준히 밀고 나가면 뜻을 이룬다이 '신의 한 수'일 수 있다."[7]고 응답했다. 신중형이 중요하게 생각하는 것은 속도가 아니라 제대로 가고 있느냐 하는 방향이다.

신중형은 실행할 때도 천천히 공을 들여 생각하고 스스로 돌이켜 옳다고 생각되면 결정하고 행동에 옮긴다. 2011년 11월, 1,500여 억 원을 기부할 때도 "오랫동안 마음속에 품고 있던 작은 결심 하나를 실행에 옮기고자 한다."며 시간을 들여 고민한 생각의 줄기를 펼쳐 냈다.[8]

안철수는 청춘 토크 콘서트를 통해서 꾸준히 젊은 세대와 공감하고 소통하는 기회를 가졌었다. 그래서 언론에서는 안철수의 소통 능력에 높은 점수를 주기도 한다. 그러나 그의 커뮤니케이션 방식을 자세히 들여다보면 자신의 생각을 열어 놓고 다른 사람의 의견을 받아들이고 내 의견을 수정하는 방식의 대화가 아니다. 상대의 질문에 대해 자신의 생각을 전달하는 방식이다. 안철수에게 소통이란 자신의 생각을 전달하는 방식이지 상대의 의견을 듣고 내 생각을 수정하는 소통이 아니다. 안철수의 소통 방식은 신중형이 자기 프로세스 안에서 심사숙고해서 내린 결정을 확인하는 과정이라고 볼 수 있다. 안철수 현상의 기폭제가 되었던 서울시장 후보를 박원순에게 양보하던 날 있었던 일이다. 안철수는 박원순을 만나서 "아무런 조건 없이 제가 출마하지 않겠습니다. 제가 박 변호사님을 잘 아는 사람이니까 더 이상 설명하지 않으셔도 됩니다. 저는 변호사님의 의지가 얼마나 굳건하지 확인하고 싶었을 뿐입니다."라고 말한 것도 이와 같은 맥락이다.[9]

안철수 주변사람들도 안철수가 어떤 생각을 하는지 알기 어렵다고 한다. 안철수가 정치에 입문한 이후 그의 행보와 생각에 대해 이해하고 파악해보려는 많은 사람들과 언론들이 있었다. 저마다 다양한 정치적 변수와 상황을 가지고 진단하고 예측하기도 했다. 그러나 신중형인 안철수는 정치 상황과 변수에 의해 움직이는 것이 아니라 자신의 판단과 스스로의 약속에 의해 움직인다는 것을 알면 그의 행보를 예측하는데 도움이 된다.

그는 대선 후보로서 자리매김하고 국가지도자가 되고자 하는 결심이 선 후에 구체적인 행동을 하는 것이다. 순간적으로 변하는 정치지형이 아니라 자신의 정치철학을 위한 로드맵 선상에서 행동하는 것이다. 신중형으로 안철수를 파악해보면 그가 말을 안 하고 있는 것은 아직 생각을 정리 중이라고 보면 된다.

3) 시스템과 원칙, 공정함이 중요함

신중형이 인생의 화두로 삼는 단어가 있다. 바로 원칙과 공정함이다. 그 원칙이 변화하는 상황이나 변수에 의해 좌우되지 않는 법과 제도 같은 시스템 안에서 지켜지길 원한다. 그때그때 변화하고 상황에 따라 해석이 달라지는 것을 두려워한다. 그가 국가지도자로서 제일 먼저 추구하는 것도 정의로운 복지국가, 공정한 복지국가를 건설하는 것이다.

"정의로운 사회는 모든 선수들이 같은 선에서 동시에 출발해야 한다. 즉, 출발선에서 모든 사람에게 공평한 기회를 부여하는 것이고, 달리는 과정에서 어떤 반칙이나 특권도 허용하지 않고 공정하게 겨루게 하는 규칙이 있어야 하며, 그게 잘 지켜지는지 심판이 감시해야 한다."[10]

정의와 공정함을 강조한 면을 보면 그가 정치 스펙트럼상의 진보라고 말하기는 어려운 면이 있다. 국민의 행복을 위한 복지가 아니라 공정함이 전제되는 것을 우선순위에 두는 것을 알 수 있기 때문이다.

복지와 공정함, 이 2가지 모두 중요한 가치이지만 DISC의 어떤 유형이냐에 따라 우선순위가 달라진다. 안정형이라면 복지가 더 우선적으로 강조되는 경향이 있다. 신중형은 법과 원칙이 중요하기 때문에 공정함이 더 강조가 되는 것이다.

촛불집회 정국에서 그가 보여준 전투적 언행은 주변을 놀라게 했다. 퇴진 서명운동을 하고 여러 차례 촛불집회에 참여하여 박근혜 퇴진을 위해 온몸 바쳐 이루겠다는 목소리를 높이기도 했다. 평소 법과 원칙, 시스템을 중시하는 안철수에게 박근혜 · 최순실 사태는 국가 시스템을 무너트린 절체절명의 사건임에 분명하다. 국민 모두에게 모욕감을 주었지만 특히 안철수에게는 더욱 참을 수 없는 사태로 받아들여졌을 것이다. 박근혜는 단 하루가 남더라도 절대 임기를 채우면 안 된다고 주장하는 그 모습은 정략적 목소리가 아니라 개인 안철수의 목소리이기도 하다.

‖ 2. 정직성의 단서

1) 공과 사를 엄격하게 구분하고 약속을 지킴

회사 돈과 개인 돈을 엄격하게 구분하는 게 버릇이 되어서 심지어 직원들과 함께 식사를 할 때도 공식적인 식사가 아니면 더치페이를 했다고 한다. 그는 “짜다는 소리를 들어도 어쩔 수 없는 게, 이렇게 아낀 돈을 나중에 공정하게 나누는 것이 더 바람직하다고 생각하기 때문이다."라는 분명한 기준을 말한다. 직원들은 사장이 밥값을 내주기를 기대할 것이다. 그도 모르는 것은 아닐 테지만 회사 돈과 개인 돈을 구분해야 한다는 자기 기준에 따라 잠깐의 인기와 타협하지 않는 점은 눈여겨볼 만하다.

또한 그는 한 번 한 약속은 반드시 지킨다고 말한다. 본인의 순수한 판단 착오로 인한 약속도 반드시 지켜야 한다고 생각하고, 시장상황에 적합하지 않아도 연초에 직원들에게 한 약속처럼 월급여의 400%를 추가로 지급했다고 한다. 안철수는 직원들과의 약속을 지키는 것뿐 아니라 자신의 기준과 한 말에 대한 약속을 지키는 것을 중요하게 생각한다.

안철수가 기부를 통해 사회공헌 약속을 실행한 것을 두고 한 지인은 "안 원장은 자신이 내뱉은 말을 실천하는데 더 엄격한 사람이다. 늦기 전에 실행에 옮기는 게 맞다고 판단한 것으로 보인다."고 전했다.[11] 스스로 자기 자신과 한 약속을 누가 뭐라 하지 않아도 지키는 것이다. 그에게 약속이란 이런 것이다.

2) 약한 자를 어떻게 대하는가? 자신의 돈과 시간을 어떻게 사용하는가?

다른 사람을 이용해 자기 이익을 챙기는 것을 낮은 정직성의 단서로 본다. 그는 의과대학 본과 2학년부터 4학년까지 3년 동안 서울 구로동과 두메산골 무의촌 등에서 진료 봉사활동을 했다고 한다. 이때 가난으로 인해 인간의 존엄성이나 인륜마저 무참히 버려지는 경우를 보면서 가슴이 아팠다고 한다.

"그렇게 무력한 사람들은 사회가 돌봐줘야 하는데, 그렇지 못한 현실을 보고 참 마음이 아팠습니다. 그리고 이 사회에서 제가 어떻게 살아가야 할 것인지를 고민했죠."[12]

어떻게 살 것인가에 대한 고민은 체제에 저항하는 민주화 운동 방식이 아니라 전문 분야에서 사회에 기여하는 방식으로 이루어 졌다. 시간을 쪼개 사용할 정도로 바빴을 카이스트 교수 시절, 전국을 다니며 무료로 외부강의를 했다. 한 학기에 100회 정도 했다고 한다. 그는 자신에게 가장 중요한 자원인 시간을 들여 재능을 기부하는 것이 사회공헌이라고 생각했다.

안철수는 2011년 11월 14일에 자신이 소유한 안철수연구소의 지분 50%를 기부해 저소득층 청소년들의 장학금 등을 위한 사회공헌 사업에 사용하겠다고 밝혔다. 그의 기부를 두고 정치적 행보라는 시각도 있지만, 그가 어떤 행동을 할 때 상황이나 이익을 위해 행동하기보다는 자신이 가야 할 지점을 정해 놓고 꾸준히 지속적으로 실행에 옮기는 특성으로 이해하는 것이 더 정확할 것이다. 이는 그 행동에 선행하는 가치가 있어야 할 수 있는 행위이다.

‖ 3. 안철수의 미래와 행보

정치 입문 전까지 안철수가 걸어온 궤적을 보면 이렇게 아름다운 삶이 있을까 싶다. 직업과 개인의 삶 양쪽에서 본받을 만한 성공을 거두었다.

정치판에 나서는 아들을 보며 안철수의 아버지가 많이 말렸다고 한다. 깨끗한 길을 가기는 어렵다는 판단일 것이다. 이전에 자신이 세워 놓은 원칙을 고수하기도, 약속을 한결같이 일관되게 지켜나가기도 쉽지 않은 곳인 건 분명하다. 국민의당을 창당하고 정치지도자로서 목소리를 내는 것은 이전의 개인 안철수의 삶조차도 다시 평가받게 한다. 자신의 선한 의지가 왜곡 없이 받아들여지기 어려운 곳이기도 하다. CEO의 명령과 지시에 크게 저항하지 않고 일사분란하게 움직이는 기업조직과 달리 정치는 저마다 다른 이해관계와 의도로 움직인다. 그런 곳에서 안철수가 유연함이나 포용력 같은 역량을 발휘하지 않고 흔들림 없이 자신의 약속을 지키며 이전과 같은 일관된 모습을 보여주기는 힘들어 보인다.

그러나 그는 대선 의지를 갖고 정치에 입문했기 때문에 그 길을 걸어갈 것이다. 천천히 시간이 걸리더라도 이전의 자신의 삶처럼 내면의 자기 기준으로 걸어가기를 바란다. 이번 대선만이, 이번 선거만이 전부가 아니라 멀리 내다보는 여유로 아름다운 정치를 하다 보면 다시 기회가 돌아올 것이다.

4
신중형 지도자와 정직성 변수 : 유승민

매서운 눈초리와 일자로 다문 입 매무새는 전형적인 신중형의 얼굴이다. 감정을 쉽게 드러내지 않고 합리성과 철저한 논리로 무장되어 있다. 유승민은 보수 내에서 가장 진보적 인사이기도 하고 가장 합리적인 사고를 한다는 평을 듣는다.

‖ 1. 신중형의 에피소드

1) 스마트하고 분석적인 사고를 하는, 삼고초려로 모셔온 책사

신중형은 논리적이고 분석적인 사고를 하는 유형이다. DISC의 4가지 유형 중 가장 머리를 많이 쓰는 유형이다. 어떤 사안에 대해 사고하는 깊이가 남다르고 분석하고 치밀하게 일하는 것을 좋아한다.

'유승민은 똑똑하다'에 이견을 내는 사람은 없다. 서울대학교 경제학과와 미국 위스콘신대학교를 졸업한 경제학 박사에 KDI(한국개발연구원) 출신 경제전문가인 그에게는 늘 '경제통', '정책통'이라는 꼬리표가 붙는다.[13] 경제전문가로 여의도연구소장으로 일할 땐 이회창 후보의 애정을 독차지했다. 이런 인연으로 2002년 이회창 대선 캠프의 최고 책사로 활약했다. 이후 박근혜가 그를 비서실장으로 데려왔다.

신중형은 정보를 빨아들인다. 최고의 판단과 결정을 위해 심사숙고하고 정보를 최대한 모으고 분석한다. 그는 18대, 19대 국회에서 외교와 안보분야를 아우르며 국정전반에 대한 역량을 쌓았다. 그렇지만 유승민은 단순히 경제통, 정책통과 같은 책사에 머물러 있지 않았다. 박근혜 대선캠프에서는 이명박 후보의 온갖 의혹을 캐내어 '이명박 저격수'로 활동할 정도로 전투력도 가지고 있다. 박근혜 정권에서도 유승민은 탄탄한 정책기획력과 분석력으로 친박의 브레인으로 통했다.

2) 냉철하고 꼿꼿한 성격에 쓴소리하는 원칙주의자

신중형은 자신의 신념에 따라 일한다. 원칙을 세우면 잘 타협하지 않고 비판적인 시각을 견지한다. 그래서 주변에서 이 원칙을 꺾기도 힘들고, 요청하기도 까다롭다. 박근혜가 비서실장으로 유승민을 영입할 때 거듭 거절을 해서 영입에 어려움을 겪었다고 한다. 당시 한나라당 고위당직자는 "냉철하고 직언에 강한 유 의원이 계속 비서실장으로 있을 수 있겠느냐는 의구심도 있었다."고 회상한다.[14]

당시 보좌관은 유승민이 '친박'이 된 이유를 "유 의원은 충성심 강한 친박이라기보다는 이명박 후보에 대한 차악次惡으로 박근혜를 지켜보았다. 이명박 시장이 부패하고 약점이 많은 인물이라고 생각해 제 3의 인물이 나타나지 않는 이상 그나마 순수함이 보이는 박근혜를 대통령으로 만들어야 한다고 생각한 거였다."라고 설명했다. 유승민은 이런 과정에 대해 "하고 싶어도 하지 않아야 하는 일이 있고, 하기 싫어도 해야 하는 일이 있다."고 말했다. 한 당직자는 유승민과 박근혜의 관계를 애정과 신뢰로 결합된 관계가 아니라 철저히 전략적인 동지 관계로 보인다고 평했다.[15] 신중형은 밖으로 자기 마음이나 감정을 내비치지 않아 주변에서 냉정하게 느낀다. 박근혜도 신중형이어서 두 사람의 관계에서 신뢰나 따뜻함을 느끼기는 힘들었을 것이다.

박근혜에게 '배신의 정치'로 낙인 찍혀 원내대표를 사퇴할 때도 그는 "평소 같았으면 진작 던졌을 원내대표 자리를 끝내 던지지 않았던 것은 제가 지키고 싶었던 가치가 있었기 때문이다. 그것은 법과 원칙 그리고 정의."라고 말하며 자신의 소신과 원칙을 이야기했다.[16] 새누리당 내 한 인사는 "박근혜가 유승민에게 배신을 이야기하는데, 유 의원은 천성적으로 배신할 사람이 아니다. 지금까지 배신을 한 적도 없다. 다만 대통령이 다양한 목소리를 듣지 못하고 있다고 불만을 이야기했고, 어쨌든 박근혜 정부의 성공을 위해 좋은 소리든 쓴소리든 해야 하는 것이 자신의 의무라고 이야기했다. 주군이 잘못된 길을 가는데 가만히 있는 것이 옳은 일인가? 그 방법의 차이일 뿐인데 배신이라는 단어를 듣는 것이 이해가 안 간다. 박근혜 대통령을 위해 비례대표 의원직도 던지고 저격수도 마다하지 않았던 사람인데 자기 정치를 하다니, 이용만 당한 것 같아 안타깝다."고 말했다. 주변의 이런 안타까움과 달리 정작 본인은 바깥으로 아무런 감정을 내비치지 않았다. 배신의 정치로 내침을 당한 유승민은 언론 접촉을 안 하며 지역구 활동에 집중했다.[17]

신중형은 시스템에 따라 움직이는 조직에서 빛을 발한다. 예측할 수 없는 상황이나 변수가 나타나는 것에 강하게 저항한다. 유승민은 대통령이나 '문고리 3인방'이라고 불리는 그림자 실세에게 쓴소리를 주저하지 않았다. 문고리 3인방이 비서실장인 그를 거치지 않고 당시 한나라당 당대표였던 박근혜에게 직접 보고를 할라치면 불호령이 떨어졌다고 한다. 3인방이 박근혜와 오랫동안 함께 손발을 맞춰왔다 해도 그에 맞는 시스템에 따라야 한다는 것이었다.[18]

‖ 2. 정직성의 단서들

1) 약자를 어떻게 대하는가?

그는 자신의 정치 철학과 소신에 따라 바른 소리를 하는 정치인으로 평가받는다. 유승민을 가리켜 '따뜻한 보수', '진보적 보수'라고 말한다. 우리나라 보수 정당이 재벌과 대기업을 위한 정책을 펴온 것은 자명한 사실이다. 보수 정당에서 사회적 약자를 위한 행보를 하는 것은 불이익이 따른다. 그러나 유승민은 2015년 4월 국회 첫 교섭단체 대표연설에서 "보수의 새로운 지평을 열겠다. 재벌이나 대기업이 아닌 서민과 중산층의 편에 서겠다."고 선언했다.[19] 2016년 2월, 원내대표에 선출되어 '증세 없는 복지는 허구'라며 박근혜의 공약을 정면으로 지적하여 박근혜와 새누리당 의원들에 의해 대표직에서 물러났다. 그러나 대표직을 사퇴한 이후 그의 정치적 존재감은 더 부각되었다. 세력을 얻기 위해 계산된 행동을 한 것이 아니라 자신의 소신에 따라 움직인 결과이다.

KDI에 몸담고 있던 시절 재벌 개혁을 주장했고, 정치권에 들어와서도 일관되게 중도적 경제노선을 주장해서 그의 정치 철학을 반영했다. 2011년 전당대회 출마 당시 서민복시 부분에서 무상급식을 수용하고, 현 정부의 핵심 경제 기조인 감세정책에서 소득세와 법인세 추가 감세 철회를 주장한 바 있다.[20]

그는 자신의 정치 철학이 제도화 될 수 있도록 2016년 10월 11일, 사회적 경제 기본법안을 발의했다. 유승민은 "빈곤을 해소하는 복지, 따뜻한 일자리, 사람과 노동의 가치, 협력과 연대의 가치, 지역공동체의 복원 그리고 이런 것들을 추구하는 사람들의 선한 정신과 의지 등이 소중한 사회적 가치."라며 건강한 공동체의 중요성을 강조했다. 이 법안은 공공기관별 총 구매액의 5% 범위에서 사회적 기업이 생산하는 재화나 서비스를 구매해야 한다는 내용을 포함하고 있다. 그는 "기존에 있는 사회적 기업을 효율적으로 잘 관리하고 지원하자는 차원에서 발의한 법안."이라고 설명했다.[21] 국가 안보는 보수적으로, 복지는 진보적으로 하겠다는 그의 말과 행동은 일관되어 보인다.

2) 불이익을 감수하는가?

같은 여당의 대통령에게 쓴소리를 하며 비판하는 것은 불이익을 감수해야 할 수 있는 행동이다. 비판적 시각을 견지하고 평가하는 것은 신중형의 특징이기도 하다. 그러나 정직성이 담보되지 않으면 지속적으로 불이익을 감수하며 비판 세력으로 존재하기는 어려운 일이다.

유승민은 이명박 정권과 박근혜 정권의 경제 정책에 대해 날카로운 비판을 서슴지 않았다. 이명박 정권의 4대강 사업과 경제 위기에 대해 "4대강에는 22조 원이나 쏟아부으면서 밥을 굶는 결식아동, 수천만 원 빚에 저당 잡힌 대학생, 월 100만 원도 안 되는 돈으로 살아가는 비정규직들을 위해선 예산이 없다고 뻔뻔스런 거짓말을 내뱉는다."며 정면으로 비판했다.[22]

'할 말은 하는' 정치적 소신은 대통령이나 당 대표를 가리지 않았다. 같은 당의 홍준표가 사무총장에 자신의 최측근을 임명하려고 했을 때 측근 인사의 부당함을 지적하고 언성을 높이며 회의장을 뛰쳐나갈 정도로 강경하게 대응했다. 이후 유승민은 홍준표의 감시인 역

할을 자임하며 그의 현안에 대한 입장을 조목조목 반박하기도 했다.[23]

불이익을 감수하며 자신의 소신을 지키는 것도 정직성의 단서가 될 수 있다. 유승민은 '경제는 진보, 안보는 보수'라는 확고한 정치노선을 가지고 사드 배치를 주장해왔다. 그런데 막상 대구 · 경북이 사드 배치 지역으로 선정됨에 따라 딜레마에 빠졌다. 그들의 지지를 받아야 하는 정치인으로서 그들의 민심에 반하는 '사드 배치'라는 그간의 자기 주장을 지켜야 하는 상황에 몰렸다. 그러나 그는 CBS 〈김현정의 뉴스쇼〉와의 인터뷰에서 주민들의 피해를 최소화하고 납득할 만한 설득 과정을 거쳐서 사드를 배치해야 한다고 자신의 소신을 지켜나갔다. 대선주자로 거론되는 새누리당의 후보로서 표를 얻는 이익보다 '안보는 보수적'이라는 입장을 확고히 했다. 유승민의 이런 발언에 대해 대구의 한 시민은 오히려 그에게 믿음이 간다고 말했다. "사드 배치를 찬성하던 사람이 자기 동네에 사드가 들어온다고 돌변하는 게 말 바꾸는 거다. 오히려 우물쭈물하는 사람보다 믿음이 간다." 그러나 사드 배치를 반대하는 전 국민의 목소리가 커서 유승민이 만만치 않은 상황에 처했다.[24]

유승민의 자료는 신문, 잡지의 기사와 방송의 인터뷰 등이 주가 되었다. 대부분의 정치인은 자서전을 통해 자신이 기부를 했다거나 사회적 약자를 위해 일한 흔적을 남긴다. 그러나 유승민은 자서전이 없어서 직접적으로 후원한 사례를 발견하기 어려웠다. 이 역시 신중형이 개인적인 사생활이나 감정들을 내보이는 것을 싫어하는 특성으로 보인다. 인간적인 면을 더 들여다볼 기회가 제한된 것이 아쉬움으로 남는다.

그가 JTBC 〈뉴스룸〉에 출연했을 때 손석희는 정말 최순실을 몰랐느냐고 질문했다. 유승민은 존재는 알았지만, 국정 운영에 불법적으로 개입한 것은 정말 몰랐다고 답변했다.[25] 만약 본인이 그 사실을 알았다면 쓴소리를 마다하지 않는 자신의 성격상 가만히 있지는 않았을 것이라는 답변을 했다. 그의 행적으로 판단했을 때 그의 답변에 일관성이 있다고 본다. 유승민의 답변에도 불구하고 비선 실세와 국정 농단의 최순실을 정말 몰랐느냐 아니면 알고도 방치했느냐의 진의 여부에 대해서는 의견이 분분하다. 이 지점은 그의 정직성을 가늠하는 결정적 단서가 될 것이다.

유승민은 정직성보다는 신중형의 특성에 발목이 잡힐 것으로 보인다. 사드 배치와 같이 국내뿐 아니라 국제정치 상황에 막대한 영향을 끼치는 사안에 대해 확고한 원칙을 내세우고 다른 의견을 수용하지 않는 그의 성격이 국익에 어떤 영향을 미칠지 의구심이 든다. 한 야권 인사는 유승민의 사드 배치 입장은 대화가 불가능한 상태라는 말로 그의 고집스러움을 표현하기도 했다. 성숙한 신중형은 다양한 의견에 대해 개방적인 태도를 보임으로써 균형을 잡는다. 유승민에게 이러한 여유와 포용의 모습이 필요한 시점이라고 생각된다.

5

신중형 리더의 다른 사례 : DISC로 분석한 박근혜와 최순실의 관계

박근혜와 관련된 소문과 의혹이 하나씩 사실로 드러나고 있다. 비상식적인 일을 일으킨 두 주인공의 캐릭디를 알면 둘의 관계를 더 깊이 들여다보고 예측할 수 있다.

박근혜는 신중형이다. 신중형은 4가지 유형 중 가장 원리 원칙을 중요하게 생각하고 옳고 그름이 무엇인지를 심사숙고해서 말하고 행동하는 유형이다. 자신의 삶을 어떻게 살아야 하는지의 기준을 매우 중요하게 생각한다. 정해진 원리 원칙과 규칙을 따르는 삶을 중시한다. 박근혜가 서강대학교 전자공학과에 입학한 것도 문과보다는 이과의 로직이 더 맞았다고 볼 수 있다.

겉으로 보이는 삶의 모습에서도 규칙적이고 자신만의 룰을 가진다. 옷이며 머리, 걸음걸이와 같은 자신의 행동에 매우 엄격한 규칙을 가지고 이를 행한다. 박근혜 스타일이라고 해서 몇 십 년째 헤어스타일과 옷의 디자인이 일정한 것 역시 이런 신중형의 모습을 보여준다. 사생활이 많이 노출되지 않아서 잘 모르겠지만, 개인적인 사생활 역시 변화를 즐기지 않고 매우 단조로울 것으로 예상된다.

자신의 삶을 어떻게 살 것인가에 대한 고민은 외적으로는 일정한 규칙이 있는 삶으로 표현되고, 내적으로는 자기만의 신념이나 원칙의 수호자가 된다. 신중형은 깊이를 추구하기 때문에 관심사항이 넓거나 다양하기가 어렵다. 자신이 중요하게 생각하는 몇몇 분야에서만 깊은 사고를 하는 특징을 지닌다. 무엇이 옳고 그른가를 결정하고 자신이 옳다고 생각하는 삶의 모습을 따르려고 노력한다. 신중형이 폭넓은 지식과 경험을 쌓으면 위대한 사상가나 철학자가 된다. 또 신중형이 가진 깊은 사고력은 소용돌이치는 외부 환경에 휘둘리지 않고 무엇이 본질이냐를 찾아내어 문제를 해결하는 탁월하고 냉철한 리더의 모습을 갖기도 한다.

문제는 신중형의 지식이 폭넓지 않고 경험의 폭이 한정된 경우, 또는 편협되거나 왜곡된 경험 또는 지식을 자신의 원리로 받아들인 경우에 발생한다. 박근혜를 가까이서 지켜본 전여옥은 그녀가 지적 수준이 높다고 할 수 없고 독서의 폭도 한정되어 있다고 말했다. 또 인성이 완성되는 사춘기 시절부터 청와대라는 특수한 환경에서 자란 탓에 일반적인 실패와 문제 해결의 폭넓은 경험을 했다고 보기도 어렵다. 이런 성장 배경은 생각의 깊이를 추구하는 신중형이 좁은 소견을 갖도록 만들기 때문에 가장 피해야 하는 조건에 해당한다. 권력은 있는데 한정된 경험을 가진 신중형은 우리가 가장 피해야 하는 리더의 조건이다.

이런 경우 일단 자신이 옳다고 생각한 원리 원칙에 대해서는 거의 타협이 불가능하다. 최태민을 옹호하는 박근혜에게 기자가 최태민의 범죄 사실을 알려주자 "최 목사에게 당했다는 사람이 없잖느냐." 고 불쾌감을 표현했다고 한다. 그래서 기자가 재차 "횡령 14건, 2억 2,000만 원이라는 당시 합동수사부 기록이 있다."고 말하자, 역시 "당했다는 사람이 누가 있나요?"라고 화를 내며 두둔했다고 한다.[26] 분명하고 객관적인 사실도 자신의 판단과 다를 때는 배척한다. 자신이 받아들인 사람이나 원리에 대해 비판하는 사람을 매우 공격하고 적대시한다. 신중형은 4가지 유형 중에 가장 고집이 세다. 그 이유는 자신이 심사숙고해서 받아들인 원리 원칙이나 판단에 대해 자신이 옳다는 확신이 매우 강하기 때문이다. 여기서 신중형의 심사숙고는 머리가 깨질 만큼 고민하고 탐색한다는 의미이다. 신중형은 이성과 감성 중 이성의 작용이 훨씬 강한 유형이다. 이런 이성적 과정을 거쳐서 내린 결론이라 자신과 다른 주변의 말에 귀 기울이거나 타협하지 않으려 한다. 주변에서 볼 때 박근혜에게 최태민이라는 존재는 매우 감성적인 의존의 대상으로 보이지만 그녀 자신은 최태민을 이성적 탐색을 거쳐서 문제없는 사람이라고 결론내린 것이다.

신중형은 원래 여러 사람 앞에 나서서 말하는 것을 싫어한다. 그런 성향을 가진 박근혜를 최태민이 퍼스트레이디 역할로 끌어낸 것이다. 박근혜에게 퍼스트레이디 역할은 일종의 종교적 수행 활동이었다고 볼 수 있다. 현재까지 이어지는 그녀의 옷과 헤어스타일은 종교적 제의라고 볼 수 있다. 어머니인 육영수 여사의 서거 후 박근혜가 감당해야 하는 충격과 고통의 시간에 최태민의 종교적인 영향력이 심리적인 위안과 지지를 한 것은 분명해 보인다.

또한 "아시아의 지도자, 퍼스트레이디가 되라."는 최태민의 조언에 따라 퍼스트레이디로서 활동한 결과, 본인이 대중 앞에 나서는 두려움도 없애주었고, 성공적인 평가를 얻게 되었다. 이로 인해 최태민에 대한 확신은 더 강해졌고 어떤 반대와 비판에도 당당하게 맞설 수 있게 되었다고 보인다.

최태민을 향한 확고한 믿음은 최순실에게 연결되었다. 여러 자녀 중 박근혜가 최순실과 가장 밀접한 이유는 최태민의 카리스마를 가장 많이 물려받은 사람이 최순실이기 때문이라고 한다. 최순실의 DISC 유형은 최태민과 같은 주도형이다.

아버지 최태민이 박근혜를 퍼스트레이디로 이끌었다면, 최순실은 박근혜를 현실 정치에 나오도록 이끌었다. 최순실의 조언대로 한 결과 각종 선거에게 좋은 성과를 얻었기 때문에 최순실에 대한 확고함이 자리 잡았을 것이다.

주도형은 어떤 험난한 어려움과 장애가 있더라도 끝까지 칠전팔기하며 자신이 원하는 것을 성취하는 목표지향적인 유형이다. 주도형은 주장이 강하고 일을 확장하는 특성이 있다. 신중형이 권한을 안으로 좁게 사용하는 것에 비해 주도형은 권한을 밖으로 넓게 사용한다. 최순실이 미르재단, K스포츠, 비덱 등 여러 재단과 사업체로 권한을 확대한 점, 문화 · 체육계에 박근혜의 대통령이라는 지위를 호가호위하면서 인사권까지 휘두르며 자신의 힘을 보여주고 자신의 이익을 추구한 점 등이 대표적인 예이다.

주도형은 신중형에 비해 훨씬 강한 에너지를 가진다. 폭발적이며 두려움이 없다. 그리고 자신에게 반대하거나 저항하면 적대적으로 간주해 제거한다. 최순실의 딸에게 안 좋은 점수를 준 승마 심판과 공무원을 끝까지 추적해서 옷을 벗도록 한 것이 이런 예에 해당한다. 만약에 비서실장 같은 공직을 가졌으면 공식의 권한을 사용하여 더 많은 전횡을 일삼았을 것이다. 그나마 음지에 있었기에 이 정도라고 할 수 있다. 문제는 에너지를 밖으로 사용하는 주도형의 특성이 신중형인 박근혜에게 압력을 가하는 것이다. 자기가 추진하려는 일에 대해 대통령인 박근혜가 주저하거나 불안한 경향을 보이면 주도형인 최순실은 이 두려움에 확고함을 더해주고 자신감을 불어넣어주는 관계가 된다. 박근혜와 최순실의 관계는 박근혜가 대통령으로서 지위가 높지만, 최순실은 이를 인정하면서도 자신의 말을 따르도록 때로는 위협적인 태도나 강한 주장을 하기도 했을 것이다. 만약 관계에 종교적인 성향이 함께 있었다면 최순실의 입김은 종교적 힘까지 더해져 맞설 수 없는 강한 힘을 발휘했을 것이다. 여기에 최순실이 박근혜와 40년 이상의 긴 인연과 대통령이 되기 전까지의 자신이 들인 공력을 생각한다면 언론에서 이야기되고 있는 특혜나 금전적 이득과 권한쯤은 당연하다고 생각할 수 있다. 자신은 박근혜를 대통령으로 만든 일등 공신인데 더 큰 권력과 지위를 갖지 못하고 음지에서 조용히 지내야 하는 것에 오히려 억울함을 느끼거나 스트레스를 받았을 수도 있다. 그래서 연설문을 미리 자신에게 검토 받게 한다든지, 인사에 개입함으로써 주도형이 가진 힘을 사용하는 쾌감을 느꼈을 것이다. 그리고 자신의 힘을 사용한 결과를 하나씩 얻게 되자 더욱 대담해지고 용감한 시도를 할 수 있었다. 자신이 그런 힘이 있다는 것을 주변에 과시함으로써 스스로를 대통령과 동일시하거나 그 이상의 위치에 있다고 보여주려 했을 것이다. 이런 점들로 인해 박근혜는 최순실의 요청을 거의 다 들어주었을 것으로 보인다.

epilogue

맺는말

언론은 싸움을 좋아한다. 사람들의 눈과 귀를 자극할 만한 요소를 만들어 낼 이슈를 끊임없이 생산하려는 본능이 있다. 경쟁적인 구도로 만들어 서로를 물고 뜯게 만든다. 그런데 나중에 알고 보면 맥락과 상관없는 아의적인 편집인 경우가 많았다.

정치지도자를 DISC와 정직성이라는 기준으로 판단한 이후부터 이런 언론의 헤드라인에서 자유로울 수 있었다. 내가 알고 있는 정치인에 대한 생각과는 다른 뉴스가 나오면 그 배경이 뭔지, 어떤 의도와 맥락으로 한 말인지를 파악할 수 있었다. DISC로는 그 정치인의 행동과 범위를 알 수 있었고, 정직성으로는 그 정치인의 행보가 진심인지, 표를 얻기 위한 행동인지를 판단할 수 있게 되었다. 그리고 뉴스에, 정치평론가의 표현에 일희일비하고 조바심치지 않을 수 있었다.

대선전이 본격적으로 펼쳐졌다. 정직하지 못한 지도자로 온 나라가 쑥대밭이 된 상황에서 언론은 다시 본능대로 움직인다. 후보들끼리 경쟁구도를 만들어 이간질을 시키고, 낮은 정식성을 가진 정치인의 일거수일투족을 보여주며 화려한 쇼맨십과 경력으로 눈과 귀를 현혹시키고 있다. 우리는 다시 그 구도와 눈앞에 펼쳐지는 쇼에 빨려 들어가고 있다.

우리는 과거의 그 사람의 행적과 정직성을 따져보기엔 너무 바쁘고 골치 아프다. 과거는 빨리 잊어버리고 미래에 그 정치인이 보여줄 세계에만 관심이 있다. 그러나 과거의 행적과 전혀 다른 미래는 펼쳐지지 않는다. 유권자가 정치인에 대한 비판적인 성찰의 눈을 가지고 선택할 때에만 미래는 우리 편이 될 수 있다. 지금은 사소한 거짓말, 작은 혐의, 문제없을 것으로 보이는 불법이 그 사람이 권좌에 앉는 순간 중대한 거짓, 거대한 혐의, 황당한 비상식으로 펼치질 것이다.

상식을 함께하고 일반인의 삶을 이해하는 지도자는 중요한 자산이다. 그 사람이 대중 속에서 부대끼며 먹고 사는 문제를 어떻게 해결해왔는지, 그러면서도 약자와 슬픔을 공감했는지를 봐야 한다. 화려한 꽃가마를 타고 다니며 자신만의 세계에서 동떨어진 상식으로 살아온 사람은 대중의 아픔을 이해하지 못한다. 존재가 의식을 규정하기 때문이다. 이 책을 맺으며 하나의 소망이 있다면 독자들이 자기 자신을 진심으로 아껴주고 슬픔을 공감하며 배려할 줄 아는 지도자를 선택하기를 바라는 점이다.

참고문헌

chapter 1

1 Shenkman. R, 《우리는 왜 어리석은 투표를 하는가》, 인물과 사상사, 2015, p.68.

2 최연혁, 《우리가 만나야 할 미래》, 쌤앤파커스, 2012, p. 35.

3 Johns & Hartley, 'Comparing Correlations between Four-Quadrant and five-factor personality assessments', <*American Journal of Business Education*>, 2013, July/August, Vol. 6(4).

4 Ashton, M. C., & Lee, K, 'A theoretical basis for the major dimensions of personality', <*European Journal of Personality*>, 2001, 15(5), p. 327-353.

5 이기범, 마이클 애쉬튼, 《H팩터의 심리학》, 문예출판사, 2012, p. 221-241.

6 이기범, 마이클 애쉬튼, 《H팩터의 심리학》, 문예출판사, 2012, p. 136.

7 '성차별적인 발언을 한 새누리당 중진의원들은 각성하라!', 〈한국인권신문〉, 2016. 2. 8, http://blog.naver.com/wecanhelp/220621298977.

8 김현기, '트럼프와 하시모토의 5대 공통점', 〈중앙일보〉, 2015. 8. 17, http://m.post.naver.com/viewer/postView.nhn?volumeNo=2141213&memberNo=11880830&vType=VERTICAL.

9 '민중은 개돼지! 나향욱 기획관 파면 조치. 연금은 절반만', 〈에너지경제〉, 2016. 7. 12, http://m.post.naver.com/viewer/postView.nhn?volumeNo=4637103&memberNo=16990721.

10 '정치인 막말의 계절, 여성정치인도 입단속 주의보', 〈여성소비자신문〉, 2016. 7. 14, http://m.post.naver.com/viewer/postView.nhn?volumeNo=4651867&memberNo=21558013&vType=VERTICAL.

11 강경훈, '이슈탐구: '종북숙주'부터 '세월호 시체장사'까지 '악성 막말' 총선 후

보 열전', 〈민중의 소리〉, 2016. 3. 27, http://www.vop.co.kr/A00001007094.html.

12 이기범, 마이클 애쉬튼, 《H팩터의 심리학》, 문예출판사, 2012, p. 198.

13 Holan. A. D, 'All Politicians Lie. Some Lie More than others', <*The New York Times*>, 2015. 12. 11, http://www.nytimes.com/2015/12/13/opinion/campaign-stops/all-politicians-lie-some-lie-more-than-others.html?_r=0.

14 Bill Marsh, 'PolitiFact: Falsehood Face-off', <*The New York TImes*>, 2015. 12. 11, http://www.nytimes.com/2015/12/13/opinion/campaign-stops/all-politicians-lie-some-lie-more-than-others.html?_r=0.

15 남태현, 〈남태현의 Poliscience: 정치인의 거짓말〉, 2015. 12. 18, http://tx-nam.blogspot.kr/2015/12/blog-post.html.

16 이기범, 마이클 애쉬튼, 《H팩터의 심리학》, 문예출판사, 2012, p. 235.

17 허재현, '명동철거민, 나경원 의원실 4번이나 찾아갔지만', 〈한겨레〉, 2011. 6. 28, http://www.hani.co.kr/arti/politics/politics_general/484863.html.

18 Ashton, M. C., & Lee, K, 'Honesty-Humility, the Big Five, and the Five-Factor Model', <*Journal of personality*>, 2005, 73(5), p. 1321-1354.

19 이기범, 마이클 애쉬튼, 《H팩터의 심리학》, 문예출판사, 2012, p. 147.

20 최연혁, 《우리가 만나야 할 미래》, 쌤앤파커스, 2012, p. 57.

21 이기범, 마이클 애쉬튼, 《H팩터의 심리학》, 문예출판사, 2012, p. 228-233. 이기범은 약자와 소수자를 옹호하거나 반사회적 발언, 직설적인 발언을 하는 것 역시 자신의 권력을 얻는 수단적 행동이라면 이 역시 정직성의 단서로 볼 수 없다고 했다. 그러나 한국 정치 상황에서 정치인의 이와 같은 행동 자체도 빈약하고 긴 시간에 걸친 일관된 행적으로 나타난다면 수단이 아닌 목적적 행동으로 판단되는 경우 정치인의 정직성을 판단하는 단서로 사용했다.

chapter 2

1 Straw, Julie, 《*The 4-Dimensional Manager : Disc strategies for Managing Different People in the Best Ways*》, Inscape Publishing, Inc., 2002, p. 43-69.

2-3 Ritchey, T, 《*I'm Stuck. You're Stuck: Break through to better Work relationships and results by discovering your disc behavioral style*》, Inscape Publishing, Inc., 2002, p. 24-37.

4 이기범, 마이클 애쉬튼, 《H팩터의 심리학》, 문예출판사, 2012, p. 79.

5 김종원, '도심 명소VS 유지비 부담…청계천 복원 '명과 암'', 〈SBS뉴스〉, 2015. 9. 30, http://news.sbs.co.kr/news/endPage.do?news_id=N1003195217&plink=ORI&cooper=NAVER.

6 오달란, '뉴스분석: 힘세진 거야, 법인세율 인상 주도권 끌어오나', 〈서울신문〉, 2016. 9. 25, http://www.seoul.co.kr/news/newsView.php?id=20160926014012 &wlog_tag3=naver.

7 함영훈, 'MB 측 다시 긴장? 꿈틀대는 '사자방+포'', 〈헤럴드경제〉, 2015. 9. 11, http://news.heraldcorp.com/view.php?ud=20150911000305&md=20150914064245_BL.

8 김은지, '공직자 새 검증 시스템으로 MB 검증하면 장관도 못한다', 〈시사in〉, 2010. 9. 30, http://www.sisain.co.kr/news/articleView.html?idxno=8418.

9-11 이재명, 《오직 민주주의, 꼬리를 잡아 몸통을 흔들다》, 리북, 2014, p. 165-169.

12 '176회: 게스트 이재명 성남시장', JTBC 〈썰전〉, 2016. 7. 21, http://blog.naver.com/hsd980/220772937958.

13 김용민, '이완배가 묻고 이재명이 답하다', 〈용민의 뉴스매거진〉, 2016. 7. 22, http://blog.naver.com/hsd980/220772937958.

14-15 이재명, 《오직 민주주의, 꼬리를 잡아 몸통을 흔들다》, 리북, 2014, p. 81-85.

16 김어준, '103편: 이재명 성남시장', 〈김어준의 파파이스〉, 2016. 6. 18, http://blog.naver.com/hsd980/220772937958.

17-23 이재명, 《오직 민주주의, 꼬리를 잡아 몸통을 흔들다》, 리북, 2014, p. 65, p. 105, p. 168-169, p. 67, p. 116, p. 153, p. 140.

24 김용민, '이완배가 묻고 이재명이 답하다', 〈용민의 뉴스매거진〉, 2016. 7. 22, http://blog.naver.com/hsd980/220772937958.

25-27 이재명, 《오직 민주주의, 꼬리를 잡아 몸통을 흔들다》, 리북, 2014, p. 193-194, p. 154.

28-29 김용민, '이완배가 묻고 이재명이 답하다', 〈용민의 뉴스매거진〉, 2016. 7. 22, http://blog.naver.com/hsd980/220772937958.

30 '이재명 "핵 발전 전면 재검토, 원전 제로국가로 가야"', 〈연합뉴스〉, 2016. 9. 22, http://www.yonhapnews.co.kr/bulletin/2016/09/22/0200000000AKR20160922080100061.HTML?input=1195m.

chapter 3

1 Straw, Julie, 《*The 4-Dimensional Manager : Disc strategies for Managing Different People in the Best Ways*》, Inscape Publishing, Inc., 2002, pp.43-69.

2 이기범, 마이클 애쉬튼, 《H팩터의 심리학》, 문예출판사, 2012, p. 79.

3 이기범, 마이클 애쉬튼, 《H팩터의 심리학》, 문예출판사, 2012, p. 80-81.

4 이기범, 마이클 애쉬튼, 《H팩터의 심리학》, 문예출판사, 2012, p. 111-112.

5 김성휘, '김재원 "김무성은 라이언킹, 돌아온 심바"', 〈머니투데이〉, 2013. 5. 2, http://www.mt.co.kr/view/mtview.php?type=1&no=2013050210080508391&outlink=1.

6 '국정화 진두지휘 김무성의 득과 실', 〈시사오늘〉, 2015년 10월호 171호.

7 '인물탐구: 돌아온 풍운아 김무성 의원', 〈오늘의 한국〉, 2013년 5월호 p. 20-21.

8 유세아, '김무성 '마약사위' 관련 셀프 디스 "딸 가진 부모 연애하는 법 가르쳐야"', 〈이뉴스투데이〉, 2015. 10. 7, http://www.enewstoday.co.kr/news/articleView.html?idxno=426243.

9 '새누리당 기무성 대표, 솔직 털털 화끈, 대장의 화법', 여성조선, 2014년 12월호.

10 '통 큰 인터뷰: 민생투어 나선 김무성 밀착 인터뷰', 〈주간조선〉, 2016년, 2421호, p. 23-27.

11 '새누리당 기무성 대표, 솔직 털털 화끈, 대장의 화법', 여성조선, 2014년 6월호.

12 '통 큰 인터뷰: 민생투어 나선 김무성 밀착 인터뷰', 〈주간조선〉, 2016년, 2421호, p. 23-27.

13 박도제, '김무성 메모, 의도적 노출인가? 실수인가?', 〈헤럴드경제〉, 2015.1.13, http://news.heraldcorp.com/view.php?ud=20150113000185&md=20150113093916_BL.

14 강청완, '김무성-추미애, '여의도 호텔 추격전 뒷이야기", 〈SBS 취재파일〉, 2016. 12. 5, http://v.media.daum.net/v/20161205101509917.

15 이해진, 이재원, '다시 재발한 김무성 '30시간 법칙", 〈티타임즈〉, 2016. 12. 2, http://m.post.naver.com/viewer/postView.nhn?volumeNo=5639168&memberNo=17369166&vType=VERTICAL.

16 "양치기 소년'도 울고 갈 김무성의 거짓말 습관', 〈한겨레〉, 2012. 11. 11, http://www.hani.co.kr/arti/politics/politics_general/560088.html.

17 '자기 부정? 김무성의 '늦은 우회", 〈JTBC 뉴스룸〉, 2016. 11. 28, https://www.youtube.com/watch?v=JD_PRD5E8lc.

18 '무릎 꿇고 애원하던 세월호 유가족 외면한 김무성 전대표의 팽목항 방문', 〈팩트TV〉, 2016. 8. 2, http://facttv.kr/facttvnews/detail.php?number=15584&thread =21r02.

19 박해식, '김무성 "사실관계 확인 못했다" 콜텍노조에 공개사과', 〈동아닷컴〉, 2016. 8. 26, http://news.donga.com/3/all/20160826/79987079/2.

20 김부겸, 김태훈, 《공존의 공화국을 위하여》, 더난출판, 2015, p. 124-125.

21 김부겸, 김태훈, 《공존의 공화국을 위하여》, 더난출판, 2015, p. 28.

22 김어준, '113편: 지진 그리고 김부겸', 〈김어준의 파파이스〉, 2016. 9. 23, https://www.youtube.com/watch?v=3TFkMamUfOs.
23 김부겸, 김태훈, 《공존의 공화국을 위하여》, 더난출판, 2015, p. 66.
24 김부겸, 김태훈, 《공존의 공화국을 위하여》, 더난출판, 2015, p. 140.
25 김부겸, 김태훈, 《공존의 공화국을 위하여》, 더난출판, 2015, p. 157.
26 김부겸, 김태훈, 《공존의 공화국을 위하여》, 더난출판, 2015, p. 75.
27 김부겸, 김태훈, 《공존의 공화국을 위하여》, 더난출판, 2015, p. 80.
28 김어준, '113편: 지진 그리고 김부겸', 〈김어준의 파파이스〉, 2016. 9. 23, https://www.youtube.com/watch?v=3TFkMamUfOs.
29 김부겸, 김태훈, 《공존의 공화국을 위하여》, 더난출판, 2015, p. 90.
30 '김부겸"야권의 경상도 남자로 산다는 건"', 〈뉴스Q〉, 2015. 7. 24, https://www.youtube.com/watch?v=urllYA0jLPw.
31 김부겸, 김태훈, 《공존의 공화국을 위하여》, 더난출판, 2015, p. 123.
32 오세훈, 《가끔은 변호사도 울고 싶다》, 명진출판, 1996, p. 225.
33 '대선주자 인터뷰: 오세훈 전 서울시장 "지금 왜 공생인가."', 〈서울경제〉, 2016. 9. 26, https://www.youtube.com/watch?v=TRSgEKaZwmY.
34 오세훈, 《가끔은 변호사도 울고 싶다》, 명진출판, 1996, p. 250.
35 김미라, 《조용한 혁명》, 에버리치홀딩스, 2009, p. 103-178.
36 '오세훈 편', 나무위키, 검색일 2016. 12. 16, https://namu.wiki/w/%EC%98%A4%EC%84%B8%ED%9B%88.
37 '서울 9월분 재산세 1조 9,000억 원, 5.5% 증가', 〈연합뉴스〉, 2010. 9. 13, http://news.naver.com/main/read.nhn?mode=LSD&mid=sec&sid1=102&oid=001&aid=0004653649.
38 '오세훈 "용산 참사 후 하루도 편치 않았다"소회 밝혀', 〈뉴시스〉, 2009. 12. 30, http://news.naver.com/main/read.nhn?mode=LSD&mid=sec&sid1=102&oid=003&aid=0003021217.
39 '"용산 참사 해결 해 넘기는 정부, 국민이 심판할 것"', 〈경향신문〉, 2009. 12.

29, http://news.khan.co.kr/kh_news/khan_art_view.html?artid=200912291719451&code=910402.

40 장일호, '355일장 치른 용산 참사 유족, 그 후', 〈시사IN〉, 2010. 1. 13, http://www.sisain.co.kr/news/articleView.html?idxno=6272.

41 추동훈, 김종훈, '매경이 만난 사람: 여권 대선주자 오세훈 전 서울시장', 〈매일경제〉, 2016. 9. 18, http://news.mk.co.kr/newsRead.php?no=655940&year=2016.

42 '대선주자 인터뷰: 오세훈 전 서울시장 "지금 왜 공생인가."', 〈서울경제〉, 2016. 9. 26, https://www.youtube.com/watch?v=TRSgEKaZwmY

43 김용민, 《조국현상을 말한다》, 미래를 소유한 사람들, 2011, p. 114-115.

44 박상현, '허위서명', 〈국제신문〉, 2016. 5. 29, http://www.kookje.co.kr/news2011/asp/newsbody.asp?code=1700&key=20160521.22019192947.

45 임병도, 《아이엠피터의 놈놈놈》, 책으로 여는 세상, 2012, p. 201.

chapter 4

1 Straw, Julie, 《*The 4-Dimensional Manager : Disc strategies for Managing Different People in the Best Ways*》, Inscape Publishing, Inc., 2002, p. 43-69.

2 이기범, 마이클 애쉬튼, 《H팩터의 심리학》, 문예출판사, 2012, p. 74-75.

3 이기범, 마이클 애쉬튼, 《H팩터의 심리학》, 문예출판사, 2012, p. 90-91.

4 진상현, '남경필 경기도지사 관훈토론회 토론 전문', 〈머니투데이〉, 2016. 9. 22, http://www.mt.co.kr/view/mtview.php?type=1&no=2016092114003372450&outlink=1.

5 진상현, '남경필 경기도지사 관훈토론회 토론 전문', 〈머니투데이〉, 2016. 9. 22, http://www.mt.co.kr/view/mtview.php?type=1&no=2016092114003372450&outlink=1.

6 권혁민, '지방재정 개편' 남경필 지사 "힘 합해 정부와 협의하겠다", 〈NEWS1 뉴스〉, 2016. 5. 19, http://news1.kr/articles/?2667542.

7 남경필, 《시작된 미래》, 갑우, 2014, p. 244.
8 '남경필 경기지사에게 듣는다', 〈파이낸셜뉴스〉, 2015. 12. 9, http://www.fnnews.com/news/201512091802322381.
9 '남경필 경기지사에게 듣는다', 〈파이낸셜뉴스〉, 2015. 12. 9, http://www.fnnews.com/news/201512091802322381.
10 남경필, 《시작된 미래》, 갑우, 2014, p. 141.
11 원희복, '남경필 경기지사, 경청하는 리더십인가, 카리스마 없는 유약함인가', 〈주간경향〉, 2016. 10. 4, http://weekly.khan.co.kr/khnm.html?mode=view&code=113&artid=201609271527131&pt=nv.
12 남경필, 《시작된 미래》, 갑우, 2014, p. 7.
13 남경필, 《시작된 미래》, 갑우, 2014, p. 277.
14 '유영훈 경기도당위원장 "남경필 도지사, 90개 공약 중 완료 9개뿐', 〈인천일보〉, 2016. 9. 21, http://www.incheonilbo.com/?mod=news&act=articleView&idxno=727050.
15 김형운, '남경필 대선지지율 하락 원인 공보라인 무능이 가장 커', 〈국제뉴스〉, 2016. 8. 31, http://www.gukjenews.com/news/articleView.html?idxno=544986.
16 '남경필 경기도지사 '공약실천' 최우수 자치단체장', 〈인천일보〉, 2016. 6. 21 http://www.incheonilbo.com/?mod=news&act=articleView&idxno=712717.
17 민세희, '남경필 "중앙정부, 누리과정 소통 나서야"', tbs교통방송 〈열린 아침 김만흠입니다〉, 2016. 1. 18, http://www.tbs.seoul.kr/news/bunya.do?method=daum_html2&typ_800=11&seq_800=10131008.
18 박정규, '남경필, 이재명 '무상복지 3대 사업' 대법원 제소+집행정지', 〈헤럴드경제〉, 2016. 1. 18, http://news.heraldcorp.com/view.php?ud=20160118001073.
19 김양수, '이재명, 청년배당 대법 제소한 남경필 "정부 하수인"', 〈노컷뉴스〉,

2016. 1. 19, http://www.nocutnews.co.kr/news/4534977.
20 문재인, 《문재인의 운명》, 가교출판, 2011, p. 192.
21 문재인, 《문재인의 운명》, 가교출판, 2011, p. 443.
22 문재인, 《문재인의 운명》, 가교출판, 2011, p. 38.
23 문재인, 《문재인의 운명》, 가교출판, 2011, p. 388.
24 문재인, 《문재인의 운명》, 가교출판, 2011, p. 89.
25 강준만, 《강남 좌파》, 인물과사상사, 2011, p. 321.
26 임대식, 《박원순이 걷는 길》, 한길사, 2015, p. 7.
27 박원순, 오연호, 《정치의 즐거움》, 오마이북, 2013, p. 27.
28 박원순, 오연호, 《정치의 즐거움》, 오마이북, 2013, p. 159.
29 박원순, 오연호, 《정치의 즐거움》, 오마이북, 2013, p. 31.
30 박원순, 오연호, 《정치의 즐거움》, 오마이북, 2013, p. 70.
31 박원순, 오연호, 《정치의 즐거움》, 오마이북, 2013, p. 62.
32 박원순, 오연호, 《정치의 즐거움》, 오마이북, 2013, p. 69.
33 박원순, 오연호, 《정치의 즐거움》, 오마이북, 2013, p. 133.
34 박원순, 오연호, 《정치의 즐거움》, 오마이북, 2013, p. 267.
35 임병도, 《아이엠피터의 놈놈놈》, 책으로 여는 세상, 2012, p. 250.
36 '지방자치: 쉼 없는 박원순 토론회', 〈서울신문〉, 2016. 12. 20, http://go.seoul.co.kr/news/newsView.php?id=20161221012012 &wlog_tag3=naver.
37 신웅진, 《바보처럼 공부하고 천재처럼 꿈꿔라》, 크레용하우스, 2012, p. 120
38 Plate. T, 《아시아의 거인들 02: 반기문과의 대화》, 알에이치코리아, 2013, p. 294.
39 남정호, 《반기문, 나는 일하는 사무총장입니다》, 김영사, 2014, p. 39.
40 남정호, 《반기문, 나는 일하는 사무총장입니다》, 김영사, 2014, p. 372.
41 남정호, 《반기문, 나는 일하는 사무총장입니다》, 김영사, 2014, p. 385.
42 남정호, 《반기문, 나는 일하는 사무총장입니다》, 김영사, 2014, p. 243.
43 남정호, 《반기문, 나는 일하는 사무총장입니다》, 김영사, 2014, p. 372.

44 남정호, 《반기문, 나는 일하는 사무총장입니다》, 김영사, 2014, p. 319.
45 Plate. T, 《아시아의 거인들 02: 반기문과의 대화》, 알에이치코리아, 2013, p. 52.
46 남정호, 《반기문, 나는 일하는 사무총장입니다》, 김영사, 2014, p. 107.
47 반기문 "'위안부 합의 축하, 박근혜 대통령의 올바른 용단"찬사', 〈스포츠조선〉, 2016. 1. 1, http://sports.chosun.com/news/ntype.htm?id=201601020100011300000369&servicedate=20160101.
48 '반기문, 위안부 피해 할머니 면담 "합의안 환영은 정부 노력 평가한 것."', 〈MBN뉴스〉, 2016. 3. 12, http://mbn.mk.co.kr/pages/news/newsView.php?category= mbn00008&news_seq_no=2815635.
49 '반기문 '위안부 성명'은 오해? 살펴보니', 〈JTBC 뉴스룸〉, 2016. 3. 14, http://news.jtbc.joins.com/article/article.aspx?news_id=NB 11192620.
50 '1985년 미 연수중 반기문, '김대중 전 대통령 관련 인사 동향'보고', 〈MBN뉴스〉, 2016. 4. 17, http://mbn.mk.co.kr/pages/news/newsView.php?news_seq_no=2852412.
51 '반기문, 김대중 동향보고 논란 "국가위해 보고한 것..언론의 비판 기막혀"', 〈MBN뉴스〉, 2016. 5. 26, http://mbn.mk.co.kr/pages/news/newsView.php?news_seq_no=2894744.
52 김어준, 안희정, '7회: 김어준, 안희정 인터뷰', 〈팟캐스트 우리 희정이〉, 2016. 6. 25, http://www.podbbang.com/ch/11848?e=22000229.
53-56 '김형주의 술술 인터뷰 5회: 충남도지사 편 1부', 〈팩트TV〉, 2013. 6. 13, https://www.youtube.com/watch?v=E3gsq3i9Ie4.
57 장윤선, 박정호, '안희정 충남도지사 인터뷰', 〈정윤선-박정호의 팟짱〉, 2016. 6. 20, https://www.youtube.com/watch?v=kERU5qMYhts.
58 김어준, '[신뽕빨이너뷰] 안희정을 만나다', 〈딴지일보〉, 2010. 4. 2, http://blog.daum.net/steelroot/462.
59 안희정, 《산다는 것은 끊임없는 시작입니다》, 위즈덤하우스, 2014, p. 34.

60 ‘김형주의 술술 인터뷰 5회: 충남도지사 편 1부’, 〈팩트TV〉, 2013. 6. 13, https://www.youtube.com/watch?v=E3gsq3i9Ie4.

61 ‘뉴스투데이: 대선 주자 릴레이 안희정 편’, 〈광주 MBC〉, 2016. 6. 16, https://www.youtube.com/watch?v=InavVf_cOfw.

62 장윤선, 박정호, ‘안희정 충남도지사 인터뷰’, 〈정윤선-박정호의 팟짱〉, 2016. 6. 20.

63 안희정, 《산다는 것은 끊임없는 시작입니다》, 위즈덤하우스, 2014, p. 68.

64 ‘안희정 충남도지사 후보가 말하는 안희정의 인생 스토리’, 〈중도일보〉, 2010. 4. 6, https://www.youtube.com/watch?v=SDk77AZLpv8.

65 ‘안희정 충남도지사 후보가 말하는 안희정의 인생 스토리’, 〈중도일보〉, 2010. 4. 6, https://www.youtube.com/watch?v=SDk77AZLpv8.

66 ‘김형주의 술술 인터뷰 5회: 충남도지사 편 1부’, 〈팩트TV〉, 2013. 6. 13, https://www.youtube.com/watch?v=E3gsq3i9Ie4.

chapter 5

1 Straw, Julie, 《*The 4-Dimensional Manager : Disc strategies for Managing Different People in the Best Ways*》, Inscape Publishing, Inc., 2002, p. 43-69.

2 이기범, 마이클 애쉬튼, 《H팩터의 심리학》, 문예출판사, 2012, p. 83-84.

3 이기범, 마이클 애쉬튼, 《H팩터의 심리학》, 문예출판사, 2012, p. 100.

4 Blickle, G., Schlegel, A., Fassbender, P., & Klein, U., ‘Some personality correlates of business whitecrime’, <*Applied Psychology*>, 2006, 55(2), p. 220-233.

5 안철수, 제정임, 《안철수의 생각》, 김영사, 2012, p. 12.

6 안철수, 제정임, 《안철수의 생각》, 김영사, 2012, p. 70.

7 ‘안철수 국민의당 상임공동대표 인터뷰’, 〈시사저널〉, 2016년 3월호, p. 42-43.

8 ‘안철수 “연구소 보유 지분 절반 사회에 환원”’, 〈한겨레〉, 2011. 11. 14, http://www.hani.co.kr/arti/politics/politics_general/505362.html.

9 임대식, 《박원순이 걷는 길》, 한길사, 2015, p. 35.
10 안철수, 제정임, 《안철수의 생각》, 김영사, 2012, p. 86.
11 '안철수 "연구소 보유 지분 절반 사회에 환원"', 〈한겨레〉, 2011. 11. 14, http://www.hani.co.kr/arti/politics/politics_general/505362.html.
12 안철수, 제정임, 《안철수의 생각》, 김영사, 2012, p. 9-10.
13 머니투데이 the300, 《대한민국 국회의원 사용설명서》, 서어나무, 2015, p. 237.
14 '박근혜 대통령과 유승민 의원 악연의 시작, 2005년 10월 대구 재선거', 〈월간조선〉, 2015년 8월호, p. 83.
15 '박근혜 대통령과 유승민 의원 악연의 시작, 2005년 10월 대구 재선거', 〈월간조선〉, 2015년 8월호, p. 84.
16 '거부권 정국, 박근혜 · 김무성 · 유승민 손익계산서', 〈시사오늘〉, 2015년 7월호, p. 34-35.
17 '박근혜 대통령과 유승민 의원 악연의 시작, 2005년 10월 대구 재선거', 〈월간조선〉, 2015년 8월호, p. 90.
18 머니투데이 the300, 《대한민국 국회의원 사용설명서》, 서어나무, 2015, p. 236.
19 머니투데이 the300, 《대한민국 국회의원 사용설명서》, 서어나무, 2015, p. 234.
20 머니투데이 the300, 《대한민국 국회의원 사용설명서》, 서어나무, 2015, p. 241.
21 '이코노폴리틱스 "사회적 경제, 자본주의 대체재 아닌 보완재"', 〈한경 비즈니스〉, 2016년 11월호, p. 56-57.
22 '여의도 초대석: '박근혜 대권 내가 책임지겠다' 유승민 한나라당 최고위원', 〈오늘의 한국〉, 2011년 11월호, p. 20-23.
23 '여의도 초대석: '박근혜 대권 내가 책임지겠다' 유승민 한나라당 최고위원', 〈오늘의 한국〉, 2011년 11월호, p. 20-23.

24 '사드배치 논란 'TK 대표 선수' 유승민의 딜레마', 〈시사오늘〉, 2016년 7월호, p. 32-33.

25 '유승민, 손석희 '최순실' 돌직구에 "박과 2007년 멀어져"', 〈스포츠조선〉, 2015. 12. 21, http://sports.chosun.com/news/ntype.htm?id=201612220100173580011837&servicedate=20161221.

26 '박 대통령-최태민 '20년 인연' 집중 해부 (2)' , 〈JTBC 뉴스〉, 2016. 10. 28, http://news.jtbc.joins.com/html/014/NB11344014.html.